2025 연간집 16

마음마당

한국불교아동문학회 엮음

대양미디어

◆ 발간사 – 제16호 연간집을 내며

어린이들의 눈동자 속에 피어나는 자비와 지혜의 씨앗

한국불교아동문학회 회장 **권 영 주**

한 해의 끝자리에서, 우리는 다시 한 권의 책으로 모였습니다.

한국불교아동문학회가 걸어온 시간은, 어린이들의 맑은 눈동자 속에 피어나는 자비와 지혜의 씨앗을 가꾸는 여정이었습니다.

이 연간집은 그 여정의 한 장면이자, 함께 나눈 마음의 기록입니다.

불교는 부처님의 "모든 존재는 서로 연관되어 있다"는 연기의 가르침을 전합니다. 아동문학 또한 그러합니다. 작가의 마음, 독자의 상상, 그리고 세상을 향한 따뜻한 시선이 서로 이어질 때, 한 편의 이야기 속에서도 큰 깨달음의 울림이 피어납니다.

이 책에 실린 글과 동시, 동화들은 그러한 인연의 발자취를 담고 있습니다. 어린이들에게는 삶의 빛이 되고, 우리 어른들에게는 다시 동심을 되돌아보게 하는 거울이 되기를 바랍니다.

올해에 들어 부쩍 새로운 이슈들이 등장하여, 어지러움을 느끼게 합니다. AI니, ChatGPT니 하는 것들이 등장하여, 사람들을 능가하는 일을 해낸다 합니다.

어려운 시대일수록 마음의 평화와 사랑의 언어가 더욱 절실합니다.

본회가 펴내는 이 연간집이, 작은 등불 하나 되어 세상을 따뜻이 비추기를 기원합니다.

글로써 자비를 실천하는 모든 회원 여러분께 깊이 감사드리며, 이 소중한 인연에 합장합니다.

2025년 가을

차 례

머리말
회장 권영주 어린이들의 눈동자 속에 피어나는 자비와
　　　　　　지혜의 씨앗 • 2

■ 특집 1. 2025년 제42회 한국불교아동문학상
동시 / 민금순 -『어쩌면, 사랑』• 12
동화 / 김일환 -『다리 달린 달리』• 16

■ 특집 2. 신작 동시
선행 신현득 할아버지와 아기 외 • 23
불심 김종상 마을의 변화 외 • 36

■ 동시
고광자 해돋이 / 해넘이 • 51
공현혜 나도 박사 / 종이꽃 / 등산 • 53
권대자 바다 / 새마음 / 좋은 글 • 57
권영주 베테랑 / 마음마당 / 샛별 • 60
김남희 무궁화 / 산책 / 아기 부처님 관욕식 • 63
김동억 장독대 / 맨발 걷기 / 접시 돌리기 • 66
김미라 씨 / 나도 거인 / 문 • 69
김형식 민들레 씨 / 강아지 / 회장 선거 • 72

민금순 화순 운주사 / 만연사 소원 나무 / 여수 향일암 • 76
민설기 닭개장 / 보름이 / 공짜 전철 타기 • 79
박정우 힘내세요 / 가을 들녘 / 그렇게 해 봐 • 84
배정순 새의 시력 / 부러진 솔가지 • 88
백두현 가족의 힘 / 그리운 할배 / 할머니도 반찬 투정을 • 90
신이림 엉뚱한 집달팽이 / 나무가 되려면 / 양파는 궁금해 • 93
우점임 사춘기 소녀 아람이 / 아가들의 연습 • 96
이광만 주먹 바위 / 오륙도 / 회초리 • 99
이동배 은행잎 부자 / 팥죽을 먹으면 / 봄동산 • 102
이성자 기억 통장 / 아쉬움 / 할머니의 눈물 • 105
이신경 꼬리에 물든 가을 / 우리 집 보일러공 / 아침 이슬 • 108
이영희 비행기가 알려 주었다 / 꼭 할머니 같았어 / 여행 • 112
이정석 밤송이처럼 / 봄바람이 분다 / 딱따구리가 떠났다 • 115
이창규 강화도에서 올리는 기도 / 봄 • 118
장서후 도로 공사 / 푸른 헤라클레스 / 도토리 꿀산 • 120
전지혜 누룽지 / 해금 / 시골 인심 • 123
정옥임 참새에게 물음표가 놓이면 / 지구를 돌린다 / 소금 • 126
지현경 어머님 전 상서 / 끝없는 욕심 / 돌고 도는 인생 • 129
채 들 진짜 주인 / 거미의 해 / 활짝, 동백꽃 • 132
최광집 가을 음악회 / 물레방아 소리 / 황금 들판 • 135
하순희 옥천사 은행나무 / 야외 캠핑 / 사랑하는 메이 • 138
하 영 요기 좀 보셔요 / 목화꽃이 피었어요 / 너도 좋겠다 • 141
해성 스님 사색의 향기 / 인연의 흐름 / 보랏빛 추억 • 145
홍문식 절에 가면 • 149

▌동화

김일환 칼날 대신 자비를 세우다 • 153
박춘희 신비로운 수로부인 • 159
서동애 애기 스님과 초콜릿 • 164
손수자 무지개 숲의 일기 파는 가게 • 168
양인숙 돌 심지 • 174
오해균 개똥벌레와 지구 살리기 운동 • 177
이경희 용난굴의 비밀 • 186
이연수 늑대를 믿지 마 • 190
정소영 책상 도깨비 • 195
정혜진 할아버지 부처님 • 205
최현숙 꼬마 해녀 미나와 독도의 친구들 • 212

▌탈 인형극

곽영석 선녀바위와 장자 못 • 219

▌수필

박춘근 '불두화' 단상斷想 • 237
설용수 인연 줄에 이끌린 어느 하루 • 243
이창규 타아他我를 섭렵해야 할 독서 • 256
이혜선 부처님과 인연 맺게 해준 책과 단주 • 259
홍재숙 마음이 눈을 만나 뛰어나오고 • 265

▌작가 소개 • 269

특집1

제42회(2025)
한국불교아동문학상

〈동시 부문〉

선도향 민금순

〈동화 부문〉

진월 김일환

◇ 제42회 한국불교아동문학상 심사 소감

부처님 가르침이 그득한 작품

응모작품에서 최종심에 오른 것이 동시집 4권, 동화집 3권이었다. 4인 심사위원이 문장·구상, 작품에 담긴 불교 정신을 살핀 다음, 수상작을 결정했다.

불교는 우리 문화의 중심이다. 그러므로 작품이 이 조건에 충실해야 불교문학 작품이 될 수 있고, 수상작이 될 수 있는 것이다. 그것이 허공에 있는 것이 아니고, 어려운 것도 아니다. 우리 문화, 우리 풍습, 우리 자연을 아끼고 사랑하는 그것이 곧 부처님 가르침이다. 따지고 봐도 그렇다. 근면이 곧 부처님 법이요, 협동이 곧 부처님 법이다. 우

리 것 사랑이 곧 부처님 법이다. 세상에서 바른길이라면 모두가 부처님 팔만 법문에 있는 가르침인 것이다.

그런 조건으로 형상화된 아동문학 작품이 응모작 모두였지만, 그중에서 좋고 좋은 작품을 고르다 보니, 동시부에는, 민금순 시인의 동시집 『어쩌면, 사랑』(아동문예, 2025. 8. 5. 발행)이 뽑히었다. 동화부에는 김일환 작가의 동화집 『다리 달린 달리』(도서출판 언덕너머, 2025. 8. 16. 발행)가 수상작으로 뽑히었다.

민금순 시인의 시 작품에는 사랑이 가득하다. 그것은 바로 부처님의 가르침을 실천하는 과정에서 창작된 시작품이라는 증거가 된다. 그중에서도 자연사랑이 두드러지게 작품화되고 있다. 이것은 부처님 가르침의 진미를 취한 증거가 된다. 불교의 자연사랑을 실천한 내용이었다. 자연의 어머니인 봄이 매화·동백·개나리 등 꽃을 일깨우는 내용의 「봄이 하는 일」, 민들레꽃 어깨동무로 예쁜 꽃밭 만드는 『모듬활동』, 만연사 소원나무에 소원을 빌었더니 소원나무에 달아 놓은 연등이 몸을 흔들며 응답을 하더라는 「만연사 소원나무」, 잎 떨어뜨리고 빈 가지가 된 겨울에도 쉬지 않고 자란다는 굿센 나무의 이미지 「나무는」, 엄마가 복숭아나무 밑둥을 신문지로 말아서 추위에 나무가 감기 걸리지 않게 했다는 「겨울옷」 등 자연 소재의 작품 모두가 부처님의 뜻인 자연보호를 내용으로 하는 감동의 작품이었다.

동화 수상작 『다리 달린 달리』는 지구 환경을 걱정하는 명작이다. 시대에 맞는 작품이기도 하다. 작가 김일환 선생이 이 동화에 쏟은 정성은 푸른별 지구를 건강하게 살리자는 것이었다고 '작가의 말'에서 밝히고 있다. 지구가 온도 상승으로 재해를 겪고 있다. 그것은 지구촌에 이산화탄소의 양이 넘치고 있기 때문. 여기에 돌고래 달리와 착한 어린이 민지가 같은 생각을 가진 친구로 어우러진다.

민지 어린이는 상자에 햇빛을 모으는 실험에서 실패를 거듭해 왔다. 그런데 그 실험이 쓸데없는 짓이라고 소리치는 다리 달린 돌고래 달리가 나타난 거다.

"문제는 사람이야." 하고, 돌고래 달리가 지구 걱정을 시작한다. 사람들의 남보다 잘살겠다는 욕망이 바다를 망쳐놓았다는 거다. 민지는 돌고래 달리의 주장에 동조를 하고 협조를 한다.

돌고래는 걱정을 한다. 사람들이 욕심 주머니를 너무 채우려고 하는 데서, 그 욕심이 재앙을 불러온다는 것. 음식이 되어준 다른 생명에게 고마움조차 모른다는 거다.

여기에 민지의 아버지, 어머니가 나타난다. 돌고래 연구소 박 소장님, 노랑머리와 귀고리 연구원이 등장한다. 모두 지구의 재앙을 막고 건강한 지구로 만들려는 목적을 가지고 모인 일꾼인데, 돌고래 달리의 가르침이 중심이다.

돌고래 연구소 사람은 바다에 그물을 쳐서 돌고래를 가두어 놓고, 놀라운 돌고래의 뇌를 연구하겠단다. 민지는 그러다가 돌고래 달리가 생명을 잃을지 모른다는 생각에서 달리를 탈출시키기로 하고, 도미노 작전을 한 결과 그것이 이루어졌다.

"지구를 살리는 건 위대한 과학이 아니야. 사람들의 작은 깨달음이야. 맞지?" 하고 꼬마 민지는 달리를 보내며 외친다.

심사위원 : 신현득, 김종상, 고광자, 권영주

◇ 수상소감(한국불교아동문학상 동시 부문) / 민금순

'그냥 웃지요'의 힘

가을전정을 하느라 복숭아나무의 가지를 자르고 있었어요. 성장에 방해가 되는 가지들을 자르면서 '나무야, 미안해' 속으로 계속 사과하고 있었답니다. 네가 더 멋진 나무가 되도록 이렇게 하는 거라고 다독이면서요. 권영주 회장님께서 밝고 확신에 찬 목소리로 "부처님께서 주시는 상"이라고 축하 말씀을 전하셨습니다.

내 고향 화순 운주사의 와불님이 생각났습니다. 학교에 다니기 시작하면서부터 늘 소풍을 갔던 운주사는 모태신앙의 근원이었겠네요. 제게는 와불님이 일어선 듯 느껴졌습니다. 빌고 또 빌 것이 많아 부처님께 백팔배를 올리고, 무릎 꿇고 앉아 있던 날들이 떠오릅니다.

할 수 있겠냐고 물어도 그냥 웃지요. 아픈 아이를 낫게 해달라고 애원해도 그냥 웃지요. 반백이 넘어 농부의 길을 가도 괜찮겠냐고 물어도 그냥 웃으시더라고요. 그래서 저도 그냥 웃으며 농부가 되었습니다.

제가 나무를 키우는 줄 알았더니, 나무들이 저를 키워 주고 있더라고요. 자연은 그렇게 햇살로 바람으로, 초록색 반짝이는 이파리로 응원해 주었습니다. 힘겨움만 있을 줄 알았던 시골살이가 땀과 눈물로 기쁨의 열매를 만든다는 것을 알려 주며, 마음의 근육을 키워 주었습니다.

『어쩌면, 사랑』은 농부가 되어 자연 속에서 어린이들과 나누고 싶은 이야기들을 엮은 내용들이 대부분입니다. 아이와 사진을 찍고, 편집하며 더 가까워졌습니다.

글밭을 일구는 일도 묵묵히 웃으면서 해나가라고, 또 그냥 웃고 계실 부처님의 미소가 떠오릅니다. 길고 멀었던 문학의 길, 고비마다 따스한 손길로 이끌어 주신 정혜진 선생님, 동시집 『어쩌면, 사랑』에서 의미를 찾아 좋은 발문을 적어 주신 이정석 선생님, 부족한 글에 조금 더 힘을 내라고 응원해 주신 심사 위원 선생님들, 불아문의 따뜻하고 다정하신 선생님들께 진심으로 감사드립니다.

늘상 웃고 계시는 부처님의 미소처럼 조용한 열정으로, 오래 쓰는 사람으로, 법명 '선도향'처럼 선한 길을 걸으며, 노력하는 작가가 되겠습니다.

〈수상자 소개〉

1968년 전남 화순 출생. 대학에서 국어국문학과 문예창작을 전공했고, 평생교육진흥원에서 사회복지학과 보육학을 전공했습니다. 지역아동센터에서 사회복지사로 근무했습니다. 1989년 화순문인협회 가입으로 문단활동을 시작했습니다. 1997년 문학춘추에 '시', 2001년 문학세계에 '동시'로 등단했습니다. 브런치 작가로 활동하고 있습니다.

동시집 『낙엽이 아플까 봐』, 『씨앗을 심을 때』, 『꽃들이 하는 말』, 『진짜 진짜 궁금해!』, 『나도, 알고 있지만』, 『어쩌면, 사랑』(광주문화재단 창작지원금 2권, 전남문화재단창작지원금 3권 수혜)을 발간했습니다.

한국문인협회, 한국아동문학인협회, 별밭동인, 전남문인협회 회원. 《전남문학》 편집장 역임, 계간 《문학춘추》 편집위원, 문학춘추작가회와 전남여류문학회 부회장을 맡고 있습니다.

화순문학상, 전남문학상, 빛고을문학상 특별상, 전남여류문학상을 수상했습니다.

◇ 당선자 소시집

어쩌면, 사랑

힘차게 봉지를 터트리며
빼꼼히 세상을 구경하는
복숭아!

안녕?
세상은 처음이지?
나도 그래.

너처럼 예쁜 열매가
나무에 매달리는 모습을
상상하곤 했어.

비바람에도 지치지 말고
더 크고 예쁘게
자라나 줄래?

누군가를 행복하게 하는 일은
어쩌면, 생각보다
쉬운 일인지도 몰라.

선운사 동백꽃

삼천 그루 동백나무
꽃 피는 봄
선운사가 붉어졌다.

빨간 꽃잎 열고
노란 꽃술 모아
다소곳이 말한다.

"당신을 정말 많이 사랑합니다."

삼천 번 절 올리며
기도하는 우리 엄마
동백꽃 닮았다.

◇ 수상소감(한국불교아동문학상 동화 부문) / 김일환

연기緣起의 한 구석을 비추어보다

 제42회 한국불교아동문학상에 『다리 달린 달리』가 선정되었다는 소식을 들었을 때, 먼저 떠오른 것은 바다 위로 뛰어오르던 달리와 그 친구 민지였습니다. 동심의 맑은 눈동자 속에는 지구의 기후 위기를 극복할 수 있는 지혜가 있었습니다. 심사위원님들께서 지혜의 불꽃을 활활 일구어주신 것을 무한히 감사하게 생각합니다.

 이 동화는 햇빛 저장 장치야말로 청정 에너지원이 될 수 있지 않을까?라는 상상, 또 바다 오염으로 바다에서 살기 어려워진 돌고래가 육지 동물로 진화할 수 있지 않을까?라는 다소 엉뚱한 상상에서 출발했습니다. 하지만 그 상상은 존재의 경계에 대한 질문으로 이어졌습니다. 또 물속과 육지, 인간과 동물, 나와 너를 가르는 분별이 현재 지구 위기를 낳았다는 생각이 들었습니다.

 어린이는 언제나 세상을 가장 맑은 눈으로 바라보는 존재들입니다. 그들은 어른들이 놓쳐버린 생명의 숨결을 가장 먼저 느끼고, 또 가장 먼저 슬퍼할 줄 압니다. 저는 순백의 아이들에게 지구가 얼마나 소중한 곳인지 알아차리게 하고, 아름다운 지구를 영원히 살려야 한다는 의식을 넣어주고 싶었습니다. '다리 달린 달리'가 아이들 마음속에서 생명과 희망을 잇는 작은 다리로 남을 수 있다면 저의 동화는 그것으로 충분한 역할을 했다고 생각합니다.

 두 주인공 달리와 민지의 대화, 그들의 기쁨과 슬픔, 그리고 민지의 모험과 성숙 과정은 우리 모두가 걸어가는 삶의 여정과 닮아있습니다. 저는 그 여정 속에서 붓다의 연기緣起를 말하고 싶었습니다. 그리고 연기에 비추어 지구 위기를 설명해 보고 싶었습니다. 제 실력으로는 겨우 연기의 한 조각만 비추고 말았지만요.

한국불교아동문학상을 통해 다시금 글이란 무엇인가를 되묻게 됩니다. 글은 누군가를 깨닫게 하기 위한 교훈이 아니라, 함께 숨 쉬고 느끼게 하는 인연의 자리임을 배웁니다. 만약 제 이야기가 불교적 세계관 속에서 생명의 존귀함을 전하고, 지구를 살리는데 눈곱만큼의 보탬이 된다면, 그것이야말로 제가 할 수 있는 가장 아름다운 보시바라밀이 될 것입니다.

졸작을 뽑아주신 심사위원님들께 감사드리며 보답으로 더 좋은 글을 세울 것을 약속드립니다.

〈수상자 소개〉

어린 시절을 충주에서 보냈습니다.

서울교대 및 한국외국어대학교 불어과를 졸업했고, 연세대 교육대학원 상담교육 석사와 건국대 대학원 교육학박사 학위를 취득했습니다.

서울 소재의 여러 초등학교에서 교단 교사, 교감, 교장으로 근무했습니다. 주불 대사관 내의 교육원장, 방송대학교 연구사, 평생교육진흥원 연구사, 서울교육연구정보원 연구관, 서울동부교육지원청 교육장 등을 역임하기도 했습니다.

교사 재직 시절, 아이들과 함께 이야기를 만들면서 아이들을 가르쳤습니다. 『유적박물관』, 『논리야, 넌 누구니?』, 『창의력 계발 프로그

램 총 5권(공제)』, 『한자인정교과서(공제)』 등을 집필했으며, 초등학교 도덕, 국어, 사회 교과서 개발과 집필에도 참여했습니다. 서울초등국어연구회 회장을 역임했습니다.

초등학교 4학년 때 작가의 꿈을 가졌지만 신춘문예 동화부문에 수없이 낙선했습니다. 이 일로 단편동화에서 장편동화로 전환하게 되었습니다. 늦깎이로 문단에 나왔습니다. 여몽 전쟁으로 감추어졌던 고려 보물을 찾아내는 추리 모험 동화『고려보고의 비밀, 2012』가 한국 안데르센 대상을 받으며 등단했습니다. 그 후 마음이 깨끗한 사람들의 이야기『홍사, 2013』, 진정한 아름다움은 마음에서 만들어진다는 『예뻐지고 말 테야, 2015』, 지구 환경 극복을 위한『다리 달린 달리, 2025』 등 장편동화를 발표했습니다. 『다리 달린 달리』 작품으로 제42회 한국불교아동문학상과 제3회 한인현 아동문학상을 수상했습니다. 그 외 다수의 단편 동화를 발표했습니다.

여행기 형식을 빌린 수필집『파킨슨 아내와 르쀠 Le Puy길 산책하기, 2024』를 출간하여 파킨슨병 환자에게 희망을 전달하기도 했습니다.

현재, 한국불교아동문학회, 한국아동문학인협회, 충주문인협회, 양천문인협회에서 활동 중에 있습니다. 또한 백마부대에서 포교사 활동을 하고 있으며 음성 미타사의 월간 미타법보에 9년째 불교 칼럼을 연재하고 있습니다.

◇ 당선작 요약

『다리 달린 달리』 요약

민지는 돌고래섬에 살고 있다. 섬의 생김새가 돌고래를 닮아 돌고래섬이라 불린다. 섬에는 단 한 가구만 살고 있다. 민지는 장차 햇빛 저장 장치를 발명하여 노벨상을 받고 싶어한다. 부모는 조기를 많이 잡아서 제주도로 이사할 꿈을 품고 있다.

어느 날, 달리가 돌고래섬에 나타난다. 달리는 다리가 달린 돌고래 이름이다. 달리는 피부가 벗겨지는 피부병을 앓고 있다. 또한 다리도 달려 있다. 이 모든 것이 바다의 심각한 오염 때문에 일어난 일이었다.

달리는 300만 년 전, 돌고래가 지구를 지배할 때, 이미 햇빛저장장치를 사용하였다고 말한다. 그러나 그 장치의 오염으로 인하여 지구 생물이 거의 멸종 위기에 이르렀다고 실토하며 다시 되풀이되는 지구 기후 위기를 경계한다.

민지는 달리를 만나기 전에는 환경 문제에 별 관심이 없었다. 오염된 바다로 인하여 병들게 된 달리를 마주하며 민지는 처음으로 미안함을 느낀다. 달리는 민지에게 조심스레 마음을 열고, 민지는 달리 이야기에 귀를 기울인다.

어느 날, 민지는 위기에 처한 달리의 생명을 구했고, 이 일로 둘은 친구가 된다. 달리는 민지에게 지구 환경 문제에 대하여 말한다.

"지구는 황금알을 낳는 거위야. 거위는 죽을힘을 써도 1년에 알을 30개밖에 못 낳아. 그런데 사람들은 강제로 매일 낳게 해. 미래의 아이들이 받아야 할 황금알을 미리 빼먹고 있는 거지. 그리고 말이야, 황금알의 주인이 사람 혼자가 아니잖아? 지구에 사는 모든 생명들의 것이지."

달리는 소비가 미덕이 아니라는 것, 모든 생명은 서로 기대어 살아간다는 것, 겉보기에는 좋은 행동이 실제로는 해가 될 수 있다는 점을 말한다. 처음에는 어렵고 낯설게 느껴지던 달리의 이야기를 나중에는 민지가 흉내 낸다. 민지 가슴에는 자연이 곧 나 자신이라는 사실이 물 스미듯 채워진다.

고래연구소장이 돌고래섬에 찾아온다. 그리고 달리의 비범함을 보고 포획한다. 달리를 연구해서 노벨상을 받겠다는 욕심을 품고 있다. 민지는 갖가지 아이디어를 동원해서 달리의 탈출을 돕는다.

민지는 자신이 진짜 발명해야 할 것이 무엇인지 고민하며, 결국 지구를 다시 살리는 방법을 깨닫게 된다. 민지는 달리와 헤어지면서 외친다. "지구를 구하는 건 위대한 과학이 아니야, 사람들의 작은 깨달음이야."

특집 2
신작 동시

신현득 김종상

◇ 특집 2. 신작 동시 / 신현득

할아버지와 아기 외

선행 신 현 득

아기가
귀를 잡아당기지만
할아버지는
그게 귀엽대요.

머리칼을
잡아당겨도
그게 귀엽대요.

귀엽지 않은 데가 없대요.
아가의 행동
모두가 귀엽대요.

"우는 소리도 귀엽지요?"
"그럼, 그럼."

아기 스님

우리 절, 어린이반 지도 스님이
"부처님 오신 날에
 아기 스님 되고 싶은 사람?" 하셨지.

"예!" 하고
손을 든 어린이가 여덟,

머리를 깎고 법복을 입었지.
염주를 목에 걸었지.
아기 스님 여덟.

스님께는 높임말을 써야 한다며,
지도 스님이
"스님이 되셨으니 부처님께 고합시다."
하신다.

여덟 아기 스님이
부처님 앞에 나란히 서서
부처님께 참배하고 고했지,

"우리 여덟 동무가 아기 스님 됐어요" 하고.

신도님들이 우릴 보고 박수 박수다.
신도 사이에서 우리 엄마가
더 큰 박수로 좋아하신다.

제등행렬 때는
우리가 제일 앞에서
등을 든다지.

아기 스님 된 것이
매우 매우 기뻤지.

하늘 가득 별들이 구경나왔네

부처님 오시는 밤.
제등행렬의 밤.
등과 불제자가 같이 걷는 밤.
등을 든 아기 스님들이 앞장을 섰다.

등과 불제자가 부처님을 부른다.
― 석가모니불!
― 석가모니불!….
기나긴 제등행렬이 절 마당을 세 바퀴.
부처님이 오셨네. 부처님 손길이
여덟 아기 스님부터 쓰다듬으신다

절 바깥 나무들도 목소리를 낸다.
석가모니불!
석가모니불!
기나긴 제등행렬이 절 바깥을 세 바퀴.

"아기 스님 여덟이 앞장을 섰네."
"아이고 귀여워라."

구경꾼들 눈길이 아기 스님에게 모인다.
"몸에 맞는 승복을 입었네."
"염주를 걸었네."
구경꾼 환호 속에 아랫마을을 한 바퀴.

하늘에 별들이 한가득 구경 나왔다.
"앞장섰네. 귀엽네."
구경꾼 환호 속에 아랫마을 한 바퀴.

하늘에 별들이 한가득 구경나왔다.
별나라에서 박수 소리.
"짝짝 짝짝 짝짝…."
"야아아!"

착하구나 초록식물

키다리 나무에서 밭둑에 작은 씀바귀까지.
자리 탐내지 않는다.
자기 자리에서 자기를 가꾸어, 초록지구 만들었지.

그 이파리로 산소를 만들어
80억 지구촌 사람을 숨 쉬게 한다.
사람뿐만 아니지
모든 새, 모든 짐승, 물고기 벌레들까지야.

자기에게 오는 햇빛만 받아 열매를 익힌다.
씨앗으로 남기고도 남은 것은
새·짐승의 먹이로.

사람의 식량은 모두 식물의 열매인걸.
식물이 80억의 식량을 대어주고 있다.
아프지 않게 몸을 주려고, 신경을 지니지 않았다지.
초록 식물 스스로, 보람찬 일을 할 수 있게 한 것.

착하다며 햇빛이 종일 쓰다듬는다.
착하다며 바람이 종일 쓰다듬는다.
깨달은 시인이 이 놀라움을 시에 담는다.

지구촌을 먹이고
지구촌을 숨 쉬게 하는,
고맙고, 고맙고, 고마운 초록 식물!

수학 박사 5형제

사람의 다섯 손가락.
그게 수학 박사다.
수학 박사 5형제.

사람들이 이 다섯으로 자기 나이를 세었지.
여기서 태어난 10진수.
거기에 0을 더해 가면서
차츰 더해 가면서, 온갖 것을 세고, 온갖 것을 재었지.

지구촌에는 셀 것이 많고 많구나.
가족의 수에서, 동포의 수, 인류의 수.

지구촌에는 잴 것이 많구나
우리 마을에서 서울까지의 거리를 재고,
백두산 높이를 재고, 동해의 깊이를 재었다.
우리 삼천리의 넓이를 재었지.

날짜를 잘 세어야
여무는 곡식을 제때에 거두지.

나라의 아기 수를 정확히 세어 둘 일,
그래야 나라의 앞날을 알 수 있다.
앞날의 우주여행을 위해
별나라까지의 거리도 재어둘 일….

수학 박사 5형제 아니면
과학을 이룰 수 없지.
수학 박사 5형제 큰 일꾼이야.

싹튼 시를 담는 그릇

할아버지가
들고 다니시는 공책 한 권이
할아버지 친구다.

버리는 두꺼운 종이로
표지를 하고
버리는 흰 종이 모아서 그 안에 넣고
호치키스로 눌러 찍으면
공책 한 권.

할아버지가
점잖은 붓글씨로 그 위에 쓰신
「싹튼 시를 담아두는 고마운 그릇」

할아버지가 고마운 시 그릇을 들고
내 손을 잡으시는 날은
시 찾기의 날.

대문 앞에서 할아버지가
"어, 우리 대문이?" 하신다.
그리고 시의 그릇에 그 말을 적으신다.

「우리 집을 지켜주는 대문」

마당을 살피시더니
"어 우리 마당이?" 하신다.
그리고 시의 그릇에 적으신다.
「어린이 놀이터 우리 마당」

뒷산을 바라보더니 적으셨지.
「마을을 포근히 안은 우리 뒷산」

그러다가 「마을을 지키는 동수나무」.
그러다가 「길가에서 지나는 이를 반기는 잡초꽃」.
「냇물에 목욕하는 돌멩이들」.
「냇가에서 키 자랑하는 미루나무」 등등 ….

집으로 들어오신 할아버지 말씀.
"세상 모두가 시로군."
적어 온 시의 싹을 들여다보며
모두 좋은 시가 될 거라 하신다.

"오늘 시 농사는 풍년이다."
내 손을 한 번 더 잡고 하시는 말씀.

할머니 무릎

할머니 무릎을 베면
잠이 잘 와요.

할머니가 부채로
조용조용히

산들바람을
불러오셔요.

"공부해!"
호랑이 엄마
목소리도 잦아지고,

나도 몰래
꿈나라 여행을 가죠.

신현득申鉉得 발자취

경북 의성 출생(1933). 아호 中里. 애칭 고구려아이. 법명 善行.

안동사범 졸. 대구교육대학 졸. 한국사회사업대학 졸. 大元불교대학 졸(2년제).

단국대학 대학원 국문과 졸(문학박사).

초등 교사를 거쳐서 소년한국일보 취재부장 역임.

대학에서 20년간 〈아동문학론〉 강의. 조선일보신춘문예 동시부 입선(1959).

세종아동문학상(1971)·대한민국아동문학상·농민문학상·한국자유문학상·

윤동주문학상·서울시문화상·한국불교아동문학상·한국동요음악상·

한국문학상(2024) 등 수상. 보관문화훈장 받음(2022).

동시집 『고구려의 아이』 등 42권, 동시 선집 5권, 시집 11권, 동요집 2권,

동화집 10권, 불교동화집(불교설화개작본) 40여권.

◇ 특집 2. 신작 동시 / 김종상

마을의 변화 외

불심 김 종 상

아기들이 끊어진
마을의 유아원이
요양원으로 바뀌었다.

유아들이 깔깔거리며
뛰놀던 운동장은
몸이 불편한 노인들이
요양사의 부축을 받으며
걸음마 연습을 하고 있다.

아이들 웃음소리가 없는
고샅길에는 이따금
피부색이 다른 엄마들이
자기를 닮은 아기를 업고
들일을 하러 가는데
우리네 아줌마들은
강아지에게 색동옷을 입혀
자랑스레 안고 놀러 간다.

땅뺏기

마당에서 손가락으로 돌을 튕겨
돌이 닿는 곳까지 금을 그어
그 안은 자기 땅이라고 하는
어린이 땅뺏기 놀이가 있다.

옛날에는 농민들 대부분이
양반집 땅을 빌어 농사를 짓고,
곡식을 품삯으로 받아 살았으므로
거의가 가난한 소작농이었기에
고되고 천대받기가 일쑤라서
자기 땅을 한 뼘이라도 갖는 것이
더할 수 없는 소망이었다.

하지만 입살기도 어려운 소작인이
땅을 갖기는 하늘의 별 따기임을
어린이들도 잘 알고 있었기에.
땅뺏기라는 놀이로서 부모님이
그렇게라도 땅을 갖는다는 것을
놀이로 대리만족을 했던 것이다.

스마트폰 선생

학교에서 자율학습 시간이었다.
우리는 핸드폰 게임에 신이 났다.
그때 갑자기 선생님이 오시더니
학습 결과를 알아보겠다고 했다.

"살수에서 수나라 30만 대군을
 괴멸시킨 장군은 어느 나라 누구지?"
"고구려 을지문덕 장군입니다."
제일 앞줄에 앉은 민철이가 답했다.
우리는 모두 박수를 쳤다.
"역사책을 많이 읽은 것 같군."

"이번에는 수학 문제를 내겠다.
 25 곱하기 7, 나누기 5는 얼마일까?"
"35입니다."
또 민철이가 곧바로 대답했다.
모두 발을 구르며 박수를 쳤다.

선생님은 민철이 앞으로 가서
웃으시면서 손을 내밀었다.
민철이는 똥 먹은 곰상을 하며
들고 있던 스마트폰을 내밀었다.

선생님은 우리를 돌아보셨다.
"내일부터는 이런 개인 지도 선생님은
 집에 두고 오도록 하세요. 알겠지요?"
우리는 들고 있던 스마트폰을
모두 가방에 집어넣으며 대답했다.
"예, 알겠습니다."

AI 심부름꾼

인공지능연구소에 다니는 아들이
시골에 사는 부모를 좀 돌보라고,
AI 심부름꾼을 하나 내려보냈다.
휴머노이드Humanoid라고 하는
사람처럼 행동하는 지능로봇이다.

신경통을 앓는 할머니의 팔다리도
사람이 하듯 시원하게 주물러주고,
집 안팎 청소와 가구 정리는 물론
시키는 것은 무엇이든 잘 해내며,
사람이 하는 일은 다 따라 했다.

할아버지, 할머니가 들로 가고,
AI 혼자 남아 집을 보고 있는데,
느닷없이 소나기가 쏟아졌다.
AI 심부름꾼은 급히 서둘러
마당의 싸리 울타리를 뜯어서
비 맞지 않게 부엌으로 옮겼다.

광에 가서 경운기를 끌어내어,
우비를 찾아 싣고 들로 가서
할아버지, 할머니를 태우고 왔다.

집에 도착한 할아버지, 할머니가
놀라서 모두 눈이 휘둥그레졌다.
마당 둘레의 울타리가 없어졌고,
말려서 빨랫줄에 걸어두었던 무청도
소의 여물 간으로 옮겨져 있었다.

사람이 하는 말도 알아들으며,
무어든지 본대로 따라서 해내는
AI 심부름꾼이 비설거지 한다고
비가 오니 할아버지가 하던 대로
비 맞지 않는 곳으로 치운 것이다.

할아버지 할머니는 어이가 없어,
서로 쳐다보며 허허 웃고 말았다.
AI 심부름꾼도 그냥 따라 웃었다.

불경 佛經

「욕심 많은 개」가 생선을 물고 다리를 건너가면서 밑을 보니, 물속에도 생선을 문 개가 있어 그것을 탐내어 뺏으려고 짖다가, 자기 입의 생선도 잃었다는 것을 모두 이솝 이야기로 알고 있다.

또 부모가 나이가 들어 노쇠하면 집에 두고 받들어 모시지 않고, 지게로 져다가 산속에 버린다는 「고려장」이라는 옛날이야기가 우리의 전래 설화로 전해온다.

이솝우화라는 「욕심 많은 개」는 불경『본생경』에 있는 것이고, 우리 전래 설화라는 「고려장」은 불경『기로국경』의 내용이다.

불경은 부처님의 말씀을 적은,
8만 4천의 가르침으로 방대하다.
이것이 서양에서는 인문학으로
동양에서는 전해오는 옛이야기로,
널리 알려지면서 이솝우화로
민담이나 설화로 바꿔진 것이다.

수화 手話

연좌대의 석가모니 부처님은
오른손은 무릎 위에 올려놓고,
왼손은 땅을 가리키고 있다.
항마촉지인降魔觸地印이다.

사람을 해치는 마귀를 항복시켜
땅바닥에 꿇어 엎드리게 함이다.

반가사유상의 두 손을 보면
오른손은 오른쪽 턱을 받치고,
왼손은 오른쪽 발목을 잡고 있다.
시무외인施無畏印의 수인상이다.

내가 지키며 보호하고 있으니,
중생은 두려워 말라는 뜻이다.

지금은 소리를 못 듣는 사람에게
손짓으로 말을 전하는 수화가 있다.

항마촉지인이니, 시무외인이니 하는,
말을 전하는 부처님 손 모양手印은
오늘날 수화手話의 원조이다.
수화는 부처님이 최초로 만드셨다.

비석 치기

비석 치기라는 것이 있다.
길쭉한 돌을 세워 놓고,
일정한 거리에서 돌을 던져
넘어뜨리는 어린이 놀이다.

옛날 고을을 다스리는 원님들은
백성을 보살피려고 애쓰기보다,
백성 위에 군림해서 학대하며
권세를 앞세워 사욕만 채우고
재물을 착취하는 일이 많았다.

그러다가 임기가 끝나 떠날 때는
백성들을 동원하여 마을 입구에
고을을 태평스럽게 잘 다스린
보기 드문 어진 원이었다는
송덕비를 세워 놓도록 했다.

그것은 백성들의 피땀을 짜 먹은
탐욕스럽고 악독한 원님에게

당해온 온갖 수탈의 기억으로,
고을 백성들에게는 한이 맺힌
고통과 치욕의 자취로 남는다.
그 비석을 때려 부수는 마음으로
비석 치기라는 아이들 놀이로
가슴에 맺힌 설분을 했던 것이다.

김종상金鍾祥 발자취

- 1935년 안동군 서후면 대두서에서 나서 풍산면 죽전동에서 자람
- 1955년 이후 상주 외남, 상영, 서울 유석교 등에 2007년까지 근무
- 1958년《새교실》문예작품 현상공모에 少年小說「부처손」입상
- 1959년〈경북경찰국〉민경친선신춘문예 詩「저녁어스름」입선
- 1960년《서울신문》신춘문예에 동시「산 위에서 보면」당선
- 1969년《嶺南日報》신춘문예에 넌픽션『꿈 실은 열차』입선
- 1977년 카나다《THE CANADA NEWS》童詩「어머니」特輯
- 1998년 作文教育『글나라로 가는 길』中國 朝鮮民族出版社 刊行
- 2002년 童詩集 飜譯版『中英雙語童詩』臺灣 人類文化公司 刊行
- 2003년 童詩集『Graine de Bouddha』France Picquier Jeunesse 刊行
- 2007년 童詩「길」日本 金剛學院小學校 6學年 中級般『韓國語』에 收錄
- 國定教科書에 童詩「길」,「어머니」,「산 위에서 보면」등 20여 편 수록
- 國定教科書에 散文「곰두리의 행진」,「조선소를 찾아서」등 5편 수록
- 童詩集『흙손엄마』,『세계의 아이들』,『꽃들의 가족사진』등 56권
- 詩集『바람 따라 구름 따라』,『고갯길의 신화』,『간병일지』등 11권
- 作文教育書『글짓기동산』,『독서감상교실』,『스스로 글짓기』등 100권
- 한국문학상, 대한민국5·5문화상, 방정환문학상, 권태응문학상, 소천아동문학상 등
- 경향교육상, 경향사도상, 한국교육자대상, 대한민국동요사랑 대상, 대통령 표창 등
- 국제PEN 부이사장, 한국시사랑회장, 한국아동문학가협회장 등 역임,
- 문학단체 : 국제PEN, 한국문협, 현대시협, 창작문협, 한국아동문학인협회 고문

동시

고광자　공현혜　권대자　권영주　김남희　김동억　김미라

김형식　민금순　민설기　박정우　배정순　백두현

신이림　우점임　이광만　이동배　이성자

이신경　이영희　이정석　이창규　장서후

 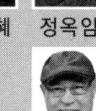  
전지혜　정옥임　지현경　채 들

최광집　하순희　하 영

해성 스님　홍문식

해돋이 외

고 광 자

조용히
펼쳐지는
새벽의 동녘 하늘

온 누리
지하경제
곳곳을 비추인다.

산 위로
빠알간 얼굴
지구를 사랑한다.

해넘이

바다는
요술쟁이
펼치는 금빛 이불

해넘이
옥동자를
받아 안는 왕 할머니

산고의
서녘 바다는
어머니의 노을빛.

나도 박사 외

공 현 혜

팔공산 부처님은
머리에 박사 모자를 썼어요.
박사 부처님이지요.

엄마는 오빠 때문에 기도하고
할머니는 삼촌 때문에 기도하고
나는 집에 가고 싶어서 기도해요.

유치원 졸업식에서 박사모자 썼으니
나도 박사죠!
부처님이 나한테만 웃는 이유에요.

종이꽃

하루에 한 송이
할머니는 종이꽃을 만듭니다.

달력에 표시도 없는데
할아버지 제삿날 어떻게 아는지.

종이꽃 한 아름 안고
"가자!" 한마디에 출발입니다.

하얀 옷 하얀 고무신
하얀 머리카락이 눈부십니다.

"당신 잘 지내죠?"
불단에 꽃 올리면 눈물로 절합니다.

집으로 가는 길에 묻습니다.
"할머니 다음엔 언제 가?"

멀뚱히 나를 보시며
"누구세요?"

치매라는 병은 집에서 생깁니다.
며칠을 다시 종이꽃 접을 할머니

누가 알까요?
하나밖에 모르는 할머니 마음.

등산

아빠와 산에 갑니다.
일요일마다 갑니다.
산은 왜 자꾸 아빠를 부를까요.
사실, 아빠만 부르면 좋겠습니다.
나는 도시락 때문에 갑니다.
도시락 배낭은 무겁지 않습니다.
산에는 항상 부처님 집이 있습니다.
아빠는 집주인에게 가방에 든 걸 다 줍니다.
쌀도 있고, 빵도 있고, 사탕도 있습니다.
내려오는 길에 내 가방은 무거운데
아빠는 웃습니다.
"아빠는 배낭이 가벼워서 좋아?"
"아니, 무겁게 가져와서 다 비우고 가니 좋아서."

아빠와 산에 갑니다.
일요일마다 갑니다.
산은 이제 나도 부릅니다.
내 가방엔 부처님께 드릴 과자가 가득합니다.

바다 외

권 대 자

빗방울 방울 모이면
틈이 사라지고,
서로서로 안고서
낮은 길을 찾아가요.

흘러 흘러 한곳으로
하나의 길을 찾아
졸졸졸 노래하면
큰 강이 되고,

오순도순 함께 사는
바다가 되었다고,
처절 썩 쏴 처절 썩 쏴
기쁨의 손뼉을 쳐요.

새마음

자고 나면
오늘은 좋은 날.
학교 가는 즐거운 날.
선생님과
웃으면서
공부하는 날.

날마다 배워서
재미나게 알아지는 날
어린이는
날마다 새마음
해님처럼 밝게
자라나는 마음.

좋은 글

바른 마음,
밝은 생각,
좋은 글.

즐겁고
웃음이 있는,
내 마음 그릇.

친절한 마음
내가 먼저 좋아
웃었다.

베테랑 외

권 영 주

꾀꼬리는 꾀꼴 꾀꼴
노래의 베테랑.

대왕고래는 3000미터 잠수의 일인자
알바토로스는 4500미터
높이의 하늘을 날지요.

근데, 15층에 있는 우리 집 창밖,
높게 자란 버짐나무 꼭대기에
까치집이 덩그렇게 앉았어요.

나뭇가지로 얼기설기 밤송이 같아도
소나기가 와도 새지 않고,
태풍이 몰아쳐도 끄떡없어요.

"까치야!
 너는 집짓기의 베테랑이야."

까치를 보고, 나는 엄지손가락을
척 치켜세워 주었지요.

마음마당

사립문을 활짝 열어 놓고, 조용히 말해 본다, 들어와!
그러자 이웃집 삽살강아지가 마당에 들어와 신나게 뛰어논다.
그저 문 하나 열었을 뿐인데, 생명이 깃든다.

방문을 열자, 영이 할머니가 마실을 온다.
우리 할매는 그 방문객을 참 좋아 한다.
말이 많지 않아도, 온기가 흐른다.

이제는 더 많은 것들을 들이고 싶다.
하늘도, 숲도, 강도, 벌판도, 친구처럼 함께하고 싶다.
그렇다면, 어떤 문을 열어야 할까

나는 내 마음의 문을 조용히 열어 놓는다.
그리고 다시 말한다. 들어와!
들어와, 주저하지 말고,
거침없이 들어와.

그러자 내 마음마당은 점점 더 넓어진다.
누구든 들어설 수 있는, 넓고 환한 들판처럼.

샛별

아침 일찍 일어나면 만나는
새벽하늘 지킴이 샛별.

"안녕 반가워!" 하면
샛별도 "반짝반짝 반가워!"
계속 바라보면
빙글빙글 춤까지 추지요.

샛별로 시작하는 유쾌한 하루
학교 가는 길목에서
"영수야!" 부르면

친구 눈웃음 속에서 반짝이는
샛별이 나를 반겨요.

무궁화 외

김 남 희

담장 앞에 서 있는
무궁화 나무

활짝 핀 꽃들이
여러 송이예요.

오므린 봉오리는
내 손가락보다 깁니다.

진초록 잎사귀들이
꽃과 봉오리를 받쳐주고,

나풀나풀 꽃잎들은
꽃술을 감싸주어요.

소담한 꽃송이들이
하늘을 향해 피어 있어요.

산책

"산책 가자"
아빠의 목소리

우리 집 강아지가
깡충깡충 뛰며 좋아해요.

목줄을 해 달라고
꼬리를 흔들며 엎드립니다.

아빠와 함께 나가는
산책은 신이 나요.

달리기는 아니지만
빠르게 걷습니다.

동네 한 바퀴 도는
즐거운 산책.

시원한 바람이
코끝을 간지릅니다.

아기 부처님 관욕식

아기 부처님
관욕식 날이에요.

파란 하늘 향해
손가락 세우시고
연꽃 위에 우뚝.

할머니 아빠 엄마…
그리고 제 차례가 되었어요.

공손하게 합장을 하고
아기 부처님 머리 위로
맑은 물을 부어드립니다.

내 마음까지 깨끗해지는
아기 부처님 관욕식.

괜히 부끄러워
웃고 계시는 엄마에게로
얼른 달려갔어요.

장독대 외

김 동 억

산사 뒤편짝에
자리한 장독대
수많은 항아리들.

나무관세음보살
가부좌를 틀고 앉아
참선을 하고 있다.

비가 오나 눈이 오나
바람이 부나
꿈쩍도 하지 않고,

맑은 공기
따슨 햇살
불목하니 정성 가득,

익어가는 된장들
수천 년간
이어지는 맛.

*불목하니 : 절에서 밥을 짓고 물을 긷는 일을 맡아서 하는 사람

맨발 걷기

처음 맨발로 흙길을 걸으니
발바닥이 따끔따끔.
발걸음이 떨어지질 않는데
맨발인 든든이는 앞서서 잘도 간다.

산속의 토끼도 노루도
정글 속의 표범도 맨발.
원시시대에는 사람들도 맨발
아니었던가?

오늘 아침 신발을 벗고
맨발로 걸으니,

지구의 에너지가
내 몸속에 들어오는 것 같다.

기분이 상쾌하다.

오늘 하루
좋은 일이 생길 것만 같다.

접시 돌리기

마당 가 화단에
피어난 접시꽃.
접시 돌리기를 한다.

빨간 접시
자줏빛 접시
꽃대 위에 얹어놓고,

바람이 불 때마다
접시를 돌린다.

순한 바람 불 때는
살랑살랑.

거친 바람 불 때는
떨어질 듯 떨어질 듯
떨어지지 않는 접시.

씨 외

김 미 라

감씨
사과씨
호박씨
대추씨……

크거나 작거나
둥글거나 네모거나.

씨앗은 모두
씨!
높여 부른다.

씨앗 하나에서 다시 씨앗으로
온 생을 살았으니,
그렇게 또 생명을 품었으니.

나도 거인

갯벌에서 놀던 게들이
집으로 쏙 쏙 쏙 쏙……

거인이다,
나도!

문

센서로 작동되는 자동문은
문이 들어갈 만큼
벽이 더 필요해.

내 방문은
활짝,
원을 그리지.

벽보다 원이 좋지.
두 팔로 감싸는 것 같거든
"이리 들어와!"

민들레 씨 외

김 형 식

후~우 불면
날아가요.
노란 꿈을 안고 날아가요.

나도
날아가고 싶어요.
어린 왕자의 별에 가고 싶어요.

B612에
종이상자 하나 그려놓을 거예요.

그 속에
멧돼지 한 마리 들어 있어요.

이 녀석이 글쎄
시골 우리 할아버지 고구마밭을 다 망쳐 놓았어요.

민들레 씨
되고 싶어요.

강아지

<u>요요요</u>
깔 까르르
아가하고 할비하고.

아가 손에
강아지풀
간질간질 아장아장.

아가도
강아지풀도
할비에게는 강아지.

회장 선거

내 이마 위에는
관세음보살님 앉아계셔요.

관세음보살.

오늘은
3학년 2반 회장 뽑는 날.

"여러분,
 연필은 글을 쓰고.
 지우개는 잘못을 지우는 것 잘 아시지요?
 저는 우리 반 지우개가 되겠습니다
 최선을 다하겠습니다.
 여러분의 소중한 한 표 부탁드려요."

당당하게 출마해
회장에 당선되었다.

자나 깨나
관세음보살.

할머니의 자장가
관세음 관세음보살!

화순 운주사 외

민 금 순

운주사 돌부처는
코도 내주고
귀도 내주고

소원 비는 사람들을
마음 다해
위로해 주었다.

표정이 진짜
착한 부처님이다.

보살이라는
우리 할머니도
꼭 그렇다.

동생이 갖고 싶다던
뽀로로 인형
그냥 넘겨줘야겠다.

만연사 소원 나무

만연사 대웅전에서
기도하는 엄마

부처님은 다 안다는 듯
웃고 계신다.

대웅전 앞 소원 나무에
나도 소원을 빈다.

우리 엄마도 부처님처럼
웃게 해주세요.

소원 나무에 매달린
연등이 흔들거린다.
알았다는 신호다.

여수 향일암

계단을 오르다
뒤돌아보면
더 넓어진 바다.

가위바위보로
오르락내리락
즐겁게 웃으며 오라고,

재미있는
계단 길 놓여 있다.

좁다란 해탈문 지나면
이기려고 기를 쓰던
좁은 내 마음도

탁 트인 바다처럼
넓게 퍼진다.

닭개장 외

민 설 기

그때는 그랬지.
시끌벅적하니 촘촘하게 둘러앉아
국물 더 먹을 사람 건더기 더 먹을 사람 하며,
다정히 나눠 먹던 때가 있었다.

명절에 차례 지내고 나면,
먹고 남은 고사리, 도라지나물에
삶은 닭 뼈를 발라내고,
찢은 닭살 매콤하게 양념하여
파, 양파, 청양고추 송송.
모두 무탈함에 고마운 마음까지 함께 끓이면
건더기 넉넉하고 맛깔난 별미 닭개장.

이제 모이는 사람들이 점점 줄어,
좋아하는 국 건더기가 더 많아지고 있는데,
우걱우걱 씹어 삼키다 보면
설핏한 밥상머리에 어쩐지 목이 멘다.

보름이

왜 내 이름은 보름이야.
애들이 보름달 찐빵이라고 놀린단 말이야.
이렇게 이쁜 찐빵이 어딨다고 그래.
얼굴이 보름달처럼 둥글어 이름하고 잘 어울리는 외손녀.

수학 문제를 풀다 가져와서
할머니도 이건 잘 모르겠으니 학원 가서 물어봐라.
선생님이었다며 그것도 모르냐고 떼쓰며 흥.
할머니는 좋겠다 문제집 안 풀어도 되고
저녁에는 우리 보름이 좋아하는 LA갈비 구워야겠다.

내일 학부모 공개 수업에 할머니 올 거지?
네 엄마가 바빠서 못가니까 내가 가야지.
학교에 가보면 손녀딸이 목 빼고 기웃거리고 있다.

드디어 초등학교 졸업식이다.
할머니가 우리 보름이 축하해 주러 가야겠네.
아니 안 와도 돼 엄마가 휴가 내고 온댔어.

친정아버지 살아생전에
외손녀가 가면 그렇게 귀애하면서도,
약주만 한 잔 걸치시면
외손주를 이뻐하느니,
방앗공이를 이뻐하는 게
낫다고 노래를 부르셨는데,
내가 딱 그렇다.

공짜 전철 타기

자리에 앉아 있을 때
젊은이가 앞에 서 있으면
왜 안절부절 되는지 몰라
나는 공짜로 탔는데,
저 고단해 보이는 젊은이를
앉혀야 하나 갈등이 생겨,

맘이 편치 않아
경로석에 가자니
나보다 어르신들이 한참 많지.
그래도 비어 있으면 앉아야지 싶어
일과에 지친 젊은이들을
편히 앉히고 싶어서지.

어쩌다 자리를 양보하는
젊은이를 만나면 사양하지만
생각해 줘서 고맙다는 말은 꼭 전해.
기분이 곱절로 좋아지거든.
그들이 커플이면 더 예뻐.
사랑 담북 웃음꽃이 피어나.

미어터지는 출퇴근 시간은
전철 타는 걸 피하려 하지만
친구 영순이가 보고 싶다고 만나자는데,
귀여운 손주 녀석 봐줘야 한다며
고 시간 밖에 짬이 안 난다니 어쩌나.

힘내세요 외

박 정 우

'5㎝의 기적!'*

엄청 커다란 바위를 등에 업고
코가 땅에 닿을 듯
엎드려 계시는 부처님.

다람쥐랑 뭇 새들 집적거려도
비가 오나 눈이 오나
미소를 머금고 계시네.

솔숲으로 흐르는
칠불암* 독경 소리
귀를 쫑긋하시지만,

차마 뵙기 가슴 졸여
얼른 일으켜 드려야지
부처님 힘내세요.

* 경주 남산 열암곡에 넘어진 마애부처님의 코끝이 땅과의 거리가 5㎝ 간격으로 유지되어 있고, 얼굴이나 신체 비례가 거의 손상이 되지 않음을 이르는 말
* 마애부처님 인근의 조그마한 암자

가을 들녘

은빛 햇살 반짝이는
밭 한가운데 우뚝 서면
무더위에 매달려 익은
붉은 수수 알갱이 반들거리고

통통한 메뚜기 소스라치게 놀라는
구불구불한 논둑길을 걸으면
심심하던 허수아비 말동무 되어
그 곁에 나를 매어 두고

바알간 노을이 하늘을 덧칠하는
어스름한 들길엔
묵정밭에 풀 뽑던 할아버지
어깨 두드리며 터벅터벅 걸어오시고

그렇게 해 봐

얘들아!
어려워하는 친구들에게
수학 문제를 가르쳐 준 적이 있니?
친절의 기쁨을 마음 밭에 심어 봐.

얘들아!
찡그린 얼굴 하늘로 날려 보내고,
빙그레 웃어 본 적이 있니?
활짝 핀 웃음꽃을 얼굴 가득 띄어 봐.

얘들아!
욕심으로 가득한 생각을 버리고,
짝꿍을 위해 양보한 적이 있니?
나보다는 친구들을 가슴 속에 넣어 봐.

얘들아!
못 본 체 지나치지 않고,
허리 굽혀 인사해 본 적이 있니?
만날 때마다 먼저 용기를 내어 봐.

얘들아!
상스러운 말 꾹꾹 삼키고
공손하게 말해 본 적이 있니?
오가는 대화 속에 고운 말을 담아 봐.

얘들아! 얘들아!
그렇게 해 봐.

새의 시력 외

배 정 순

대단해!
너의 시력.
까마득히 먼 곳을 날아가면서
땅에 떨어진 요 작은 씨앗 한 알
어떻게 보았니?

어쩌니?
유리에 반사되는 풍경이
진짜로 보여 날아가다가
부딪히는 사고 난다며?

빛의 반사를 막아주는
안경을 씌워주고 싶어!

너희들 보호하려고,
유리에 그림 그려 넣었단다.

어서 인간의 문명에
적응하길 바랄게.

부러진 솔가지

지난겨울,
눈의 무게를 이기지 못해
부러지고 만 솔가지.

봄이 되었는데도
바닥에 누워서 초록 솔잎,
그대로 달고 있어.

땅에서 얻은 초록을
천천히 천천히
뱉어내고 있는 거야.

산불 현장에서 소나무들이
타닥타닥 소리 지르는 건,
별안간 초록을 앗아가니
비명을 지르는 거지.

가족의 힘 외

백 두 현

응원 메시지를 보내려고,
카카오톡 그룹 채팅방에 가족이 모두 모였다.

카톡!
아빠가 먼저 엿 사진을 보냈다.
— 우리 딸, 시험에 척 붙어야 해!

카톡!
엄마는 포크 사진을 보냈다.
— 잘 찍어!

카톡!
형아는 감 사진을 보냈다.
— 누나, 감 잘 잡아!

나도 생각 끝에 곰 캐릭터를 보냈다.
— 누나! 곰곰이 생각해서 잘 풀어!

수학능력시험 치르는 누나,
분명 다섯 배는 더 점수 잘 나올 거다.

그리운 할배

영월에서 유명하다는 중국집을
아빠와 찾아갔다.

그 주소에는 할머니 한 분이
작은 슈퍼를 운영하고 계셨다.

"뭘 찾으셔?"
"짜장면 맛집을 찾아왔는데…. 이사 갔나요?"
"우리 집 양반과 내가 같이 했는데 혼자 먼 길 떠났어.
 면 뽑을 때 자꾸 할배 생각나서….
 이 자리라도 지키고 싶어 슈퍼로 바꾼 거야."

"이렇게 찾아왔는데 미안해서 어째."
"이렇게 찾아와서 저희가 죄송합니다."
"생각나게 해줘서 고맙지 뭐."
"생각나게 해드려 정말로 죄송합니다."

두 분은 서로 미안하다면서
아빠는 과자를 한 아름 사셨고,
할머니는 1 + 1이라며 하나씩 더 주셨다.

할머니도 반찬 투정을

혼자 사는 큰아버지 집에 가신 할머니는
큰고모, 작은고모를
번갈아 부르셨다.

요즘 아프셔서 거의 드시지 않지만
이것, 저것
계속 반찬을 해달라고 하신다.

큰아버지 반찬 없을까 봐
부르시는 것
다 알지만,

고모들은
모르는 척
무엇이 드시고 싶은지
할머니께 여쭙는다.

엉뚱한 집달팽이 외

신 이 림

집달팽이가
집 자랑하다
민달팽이에게 한 방 먹었대.

- 넌, 너 하나
  겨우 들어가는 집에 살지만
  난, 하늘이 지붕인
  어마어마한 집에 살아.

그러자 집달팽이가
더듬이를 세우며 물었대.

- 넌,
  그 크고 무거운 집을
  어떻게 지고 다녀?

나무가 되려면

뛸까
말까,

머뭇거리던
밤송이들이
힘껏 뛰어내립니다.

- 잘 했어.
  엄마도 그랬단다.

뛸까
말까.

양파는 궁금해

까도 까도
속을 알 수 없다며
고개를 갸웃거리는 사람들.

도대체
내 속이
왜 궁금하지?

나도
내 속을
다 알지 못하는데.

사춘기 소녀 아람이 외

우 점 임

스트레스
날리려고

태권도 할 땐
옆차기로 뭐든지
걷어찼지.

수영할 땐
몸을 띄워 물살만
가르고 나아갔지.

배구 할 땐
뻥뻥 배구공만
쏘아 올렸지.

머릿속에
들어가 앉은
'너, 사춘기 시작이야!'

동생이 말없이 안아주네
엄마가 도닥도닥 안아주네
'괜히 툴툴거려 미안해요!'

아가들의 연습

꿈 도담터에
엄마 품에 안겨 온
아가 친구들.

끙끙, 어제는 엎드리기 연습
끙끙, 오늘은 기어 다니기 연습
끙끙, 내일은 붙잡고 일어설 거야.

"잘한다, 우리 아가!"
'나 잘하지 엄마……'

우쭐우쭐
까르르

아장아장 걷다가
엉덩방아 쿵 찧어도
지구는 내가 먼저
돌릴 거야!

- 함양 공동육아나눔터에서

주먹 바위 외

이 광 만

시골 마을 당산나무 밑
주먹 같은 넙적바위

새싹 같은 우리에겐
못 이긴 채 놀이터 되고

오랜 풍파 함께 한
할머니에겐 쉼터가 되어요.

아픈 마음 버거울 때
함께 친구 하래요.

새싹을 피우려는 가위도
세월을 훌쩍 보낸 할머니에게도

세상 이야기 들려주라고
웃으며 유혹하는 주먹 바위.

오류도

부산 남구 용호동
앞바다 썰물 때면

아스라이 보이는
속생의 섬

욕심이 사라진
여섯 번째 방

오므릴 땐 다섯이어도
뺄 땐 열린 여섯 섬

철새와 바람이
함께하는 쉼터.

회초리

대나무 싸릿대로
잘못을 타이르는

새날이 밝았으니
처음으로 돌아가라고

새벽을 일깨우려는
수탁의 횃소리

새벽꿈 꾸다 들킨 손자
서로 껴안고 흐느끼는 소리.

은행잎 부자 외

이 동 배

큰 법당 앞마당에
오래된 은행나무.

동자승 아침마다
열심히 쓸어댄다.

불심을
가득 모으면
기원 소원 이룬대요.

노오란 은행잎을
소복이 쌓아 놓고,

부자가 되고 싶어
부처님께 기원하면

어느새
황금색으로
반짝반짝 빛나요.

팥죽을 먹으면

동짓날 긴긴밤에
온 가족 둘러앉아

팥죽을 먹고 나면
한 살을 더 먹는대.

할머니
한 그릇 더 줘
빨리빨리 어른 되게.

팥죽에 넣어놓은
하이얀 새알들은

우리 식구 도란도란
새 희망 가득가득.

새해에
속삭이는 꿈
뭉클대는 발돋움.

봄동산

봄에는 파릇파릇
온 세상 새싹 돋고.

날마다 무럭무럭
자라는 꽃밭에는

어여쁜
꽃봉오리랑
방긋방긋 웃어요.

벌 나비 날아와서
춤추며 놀다 가고,

새들은 찾아와서
즐거워 노래하고,

봄동산
가득 넘치는
아이들의 웃음소리.

기억 통장 외

이 성 자

할머니는 내가 잠들기 전에
늘 아빠 이야기를 들려주었다.

"네 아빠는 퇴근하고 오면
 날마다 너를 무동 태웠단다.
 곰 인형은 네가 세 살 되던 해
 출장 다녀오며 사 왔지.
 네 간식도 직접 만들어주곤 했어."

할머니 기억 통장 속에서만
나를 찾아오던 아빠.

할머니 하늘나라 가시던 날
기억 통장도 해지되었다.

아쉬움

친구가 처음으로
우리 집에 와서
잠깐 놀다 갔다.

친구에게 묻고 싶었던
말이 있었는데…

나는 너를 또
만나고 싶은데
너는 어때?

거울 바라보며
혼자 묻고,
혼자서 대답해본다.

할머니의 눈물

꼬부랑 할머니가
– 아까운 이 집을 어쩌나?
눈물 그렁그렁.

깍깍 까치가
– 걱정 말아요.
　제집 한 번 갖지 못했던 풀들이
　마음 놓고 살아줄 테니까요.

듣고 있던 들쥐가
– 맞아. 주인이 없으면
　누가 살아도 할 말 없지.

꼬부랑 할머니
요양원 가는 날
뒤돌아보고 또 뒤돌아보고.

꼬리에 물든 가을 외

이 신 경

가을 하늘을
빙빙 돌다가
지쳤는지,
날개를 접고 쉬는 곳,
빨랫줄 바지랑대.

숨죽인 손,
꼰지발로
살금살금 다가가면
휭 –
날아가 버린다.

나랑
친구하기 싫은가 보다.

다시 날아와
멍석에 널어놓은 고추 위에
조심스레 내려앉아
잠깐 쉬는 동안,

깜빡 졸았다.

꼬리에
빨갛게
물 들어가는 줄도 모르고.

우리 집 보일러공

창밖에서 똑 똑 똑
누가 누가 똑 똑 똑.

살짝 열어 보았더니
누구세요? 누구세요?

귀뚤귀뚤 귀뚜라미
귀뚜라미 아저씨.

날씨가 너무 추워요.
감기 걸릴라 걱정돼요.

보일러를 고쳐주세요.
따뜻하게 데워 줄게요.

귀뚤귀뚤 귀뚜라미
우리 집 보일러공.

아침 이슬

이른 아침 꽃밭에 꽃들이
이슬을 이고 있네요.

풀잎마다 반짝이는
작은 물방울 하나, 둘.

그건 밤에 꽃들이
예쁘게 피려고
흘린 땀이래요.

햇살이 내려오면
이슬방울 토르르
떨어지기 전에,

맑은 물로 세수하고
벌, 나비 마중 가야지.

비행기가 알려 주었다 외

이 영 희

단번에 날 수는 없어.

천천히, 한 걸음이 시작이야
익숙해지면 조금 빠르게 더 빠르게 달릴 수 있게 돼.

준비가 완벽해졌으면
부앙부왕!
고함을 질러도 좋아.

마침내
부웅!

뜬다!
난다!

그럼
새로운 세상을 만나.

꼭 할머니 같았어

할머니는

엄마 손을 잡고
한 계단 한 계단
운강사 부처님 앞에
엎드렸었지.

그분은,

아들 손을 잡고
한 걸음 한 걸음
연미사 석불 앞에
엎드리시는 거야.

꼭 할머니 같았어.

아마 기도마저도 같을 걸.

여행

동그라미만 알고 그리다가
동그라미가 아닌 세모, 네모도 있다는 걸 알게 되고, 배우고,
동그라미, 세모, 네모가 어우러지는 그림도 그릴 수 있게 된

떠나기 전과는
달라진

내가 돼.

찰랑찰랑 나를 채워가는 내가 되지.

밤송이처럼 외

이 정 석

암자에 홀로 앉아계시는
노스님은
가을 밤송이다.

흔들림이 없다.
조그마한 틈도 주지 않는다.
날카로운 가시가 박힌
밤송이처럼……

단단한 알밤들이
저절로 툭툭
지구를 두드릴 때까지……

봄바람이 분다

봄바람이 분다.
배꽃잎들이 한꺼번에 흩날린다.
날리는 꽃잎들은
향기로 말한다.

봄바람이 분다.
배꽃잎이 온몸으로 떨어진다.
바닥에 깔린 꽃잎은
꽃자리가 된다.

봄바람이 분다.
배꽃잎 자리에 생명을 뿌린다.
웅얼웅얼 꽃잎들은
아삭한 배로 키운다.

딱따구리가 떠났다

여름 태풍에
산골 마을 나무들이 부러졌다.
썩은 나무들도
아름드리 넘어졌다.

하늘이 다시 파래진 날
매일 아침을 깨우던
"타타탁 타타탁"
딱따구리 소리가 들리지 않았다.

먹이 애벌레를 구할 수 없어서
새끼를 기를 수 없어
수재민이 되어
산골 마을을 아주 떠나고 말았다.

강화도에서 올리는 기도 외

이 창 규

선녀님 유희하던
마니산 성화대.
다시 타오르도록
기도하면
천사들 만날 수 있을까!

강화도령 원범이
창덕궁 차고 나와
기도 한 번으로
예쁜 섬 처녀
영순이 만날 수 있을까!

섬나라 일주로
돌아서 북녘까지
기도하는 마음으로
천천히 걸어갈까,
바람처럼 날아볼까!

봄

바다가
창가에 앉아
가만히 들어보는
비발디 사계로
봄이 다가온다.

밖으로 흐르는
떠드는 바람.
지난 추위에
얼었던 새들
노랫소리 들린다.

풍경소리에
물소리 들리고,
정보에 시달리던
봄기운 향기로워
꿈만 같아라.

도로 공사 외

장 서 후

커다란 빵조각 들고
굽이굽이 낙엽고개 넘는
개미 한 마리.
편히 갈 수 있도록
낙엽들을 살살 치워줬다.

기다란 개미 길이
도로로로로 뚫렸다.

푸른 헤라클레스

든다 든다.
힘이 든다.
그래도
영차 영차
온 힘을 다해 든다.
밀어 올린다.

그리고 마침내 해낸 일.
깊은 땅을 뚫고
새싹 두 잎.
브이.

도토리 꿀산

아빠랑 등산하다가
머리에 꿀밤을 맞았다.
바람이 떨군 도토리 꿀밤
다람쥐가 잽싸게 주워간다.
바람이 지나갈 때마다
톡토독톡톡
산에 꿀 떨어진다.

나는 꿀밤 맞고,
다람쥐는 꿀맛 보고.

누룽지 외

전 지 혜

까까머리 동자 스님 공양간에서
가마솥을 바라보며 중얼중얼.
'오늘은 누룽지가 얼마나 나오려나.'
밥을 푸는 보살님의 표정을 바라본다.

"보살님 누룽지 많아요?"
"아니 오늘은 누룽지가 없네, 어쩌나!"
실망한 동자 스님 또 중얼중얼.
'이상하다, 누룽지 냄새가 났는데.'
"동자님 얼른 큰스님 공양 드시라 하세요."
대답 대신 공양간 나가는 발걸음이 무겁다.

그 모습이 안타까운 우리 보살님.
밑바닥에 눌어붙은 누룽지를
박박 득득 긁어모으니 노릇노릇.
한 움큼도 아니고 세 움큼이나 되었다.

해금

한약방에는 감초가 주름잡고,
악기 중에는 해금이 주름을 잡는대요.

작고 보잘것없는 나무토막이
장인의 정성이 들어간 손을 거치면
공명통이 만들어집니다.

두 줄을 매 놓으면
맑고 청아한 소리가 세상을 주름잡으니,

세상의 모든 소리를 단번에 제압하는
포부가 큰 악기가 옛날에 들판에서 놀던
해금이랍니다.

시골 인심

아빠 회사가 이사를 가고,
우리도 시골로 이사를 했어요.
엄마는 떡을 해서 이웃집에 모두 모두
어느 한 집 빠짐없이 나누어 드렸어요.

다음날부터 놀라운 일이 생겼어요.
뒷집 할머니가 작은 바구니에
싱싱한 달걀을 담아 가져오시고,
조금 떨어진 곳에 사시는 아주머니는
자두를 따 가지고 오셨어요.
이집 저집 고마운 선물이 한가득 되었네요.

그렇게 하루가 지나고 보니,
싱싱한 고추와 상추, 호박전 등
우리 집 식탁이 풍성했어요.

엄마는 이런 것이 시골 인심이라고,
이사를 잘 왔다고 말했어요.

참새에게 물음표가 놓이면 외

정 옥 임

- 너는 누구니?
- 엄마.
- 정말 쪼그만 엄마구나?
- 맞아, 콩알만 한 알을 낳아
  콩알만 한 새끼를 낳지.
- 네 세상도 작아?
- 아니, 꼭 그렇진 않아.
   내 세상은 온 우주를 품고 살아.

나의 작은 날개로 하늘길을 트고
달을 만지고 별도 따 온단다.

하늘을 날다 부리에 물고 있던
버찌, 잣, 산딸나무 씨앗들을 떨어뜨리면,

새싹들이 자라 숲이 생겨
더 나은 세상을 만들어 간단다.

지구를 돌린다

바람개비를 살리는 건
우웅 일어서는 바람이야.

바람의 살 속에 있어야
노래를 웅얼대고,
지난날의 이야기를 주절대.

지난밤 꾸던 꿈
깃 끝을 빠져나가고,
새 바람이 새 꿈을 당겨줘.

해님이 돈다.
달님이 돈다.
별님이 돈다.

온갖 바퀴를 돌린다.
살아 있는 너와 내가 돌린다.
지구를 돌린다.

소금

곤두질 치며
거대한 물길을 잡고,
해 덩이를 가슴에 들여
열반의 사리를 익힌다.

살갗이 타올라,
눈물이 말라,
하얀 영혼의 구슬을
대지의 치마폭에 쏟는다,

마알간 하얀 수정구슬을.

어머님 전 상서 외

지 현 경

꿈속에서나 뵈올까 어머님.
명절마다 묘소 찾아가 뵌들
어머님 말씀 안 들리네요.

집이라 덮어놓은 뗏장 위엔
이름 모를 풀들만 무성한데,

가만히 들여다보니
날마다 뙤약볕에서
뽑아냈던 그 풀들이었네요.

갈 때마다 뽑아주고,
절도 많이 해봤습니다만
사람 목숨보다도
더 질긴 잡초들은
한도 끝도 없이 자라네요.

그 옛날 어머님 손에서 뽑혔던
그 풀들이었습니다 어머님!

끝없는 욕심

대자大字 천자千字 만자萬字는
누구나 바라지만
나에게는 오직
일자一字 하나뿐이네.

크고 높고 많은 것은
욕심 속의 그림인데,
작고 낮고, 적은 것은 내 마음의 거울이네.

세상 것을 다 쥐어도
채울 수 없는 사람 마음.
끝없는 권력과 물욕이 그릇마다 넘쳐나네.

돌고 도는 인생

갇혀진 서울에서 온갖 노력을 다해본다.
멀리 보이는 만큼 내 영역에서 부지런히 살아왔다.
비가 오면 우산을 쓰고 햇볕이 쬐면 양산을 쓰고,
이슬비 한 줄금 정원에 뿌려주면 가슴 벅찼다.
진눈깨비 사뿐사뿐 감잎 건드릴 땐
외롭고 쓸쓸한 마음 옛날 생각이 떠오른다.
푸른 잔디 이대로가 나는 좋은데,
겨울 친구 찾아와 하얀 이불 덮어놓고 가면
파란 풀잎 노랑꽃도 저물어 떨어진다.
시간이라는 놈은 눈치도 없이 싸게 싸게 달려가고,
생선 실은 자동차도 숨이 차게
뒤를 쫓는다.
돌고 도는 우리네 인생살이도
이들과 함께 따라간다.

진짜 주인 외

채 들

남산 자드락밭
자그마한 밭뙈기에
'주인 백' 팻말이 우뚝 서면서

상추 아욱 부추 치커리
푸성귀들이 일제히 떠나고,

망초 방가지똥 지칭개 민들레…
풀들이 꽃을 들고 찾아왔다.

진짜 주인이 나타났다.

거미의 해

거미가 서쪽 하늘에
그물을 던져 놓았다.
해 지나가는 길목이다.

드디어 빨갛게 익은 해,
그물에 걸려 흔들거린다.

거미가 군침을 흘리며
살금살금 해 따라 가는데,

한 입 깨물어 보기도 전에
그물을 걷기도 전에,

미꾸라지 해, 바다로 미끌
빠져나가 버린다.

'앗! 다 잡았는데 놓쳤네.'

거미는 다시 그물을 손질한다.

활짝, 동백꽃

활짝 웃으며 살려고요.

흔들릴 때나

질
때
도

미소 잃지 않으려고요.

가을 음악회 외

최 광 집

주황 감 주렁주렁 달린
나무에 걸터앉은 둥근달.

바람이 감가지 흔들어
달 북을 쿵쿵 쿵.

밤이슬 피해
샛노란 국화 향 따라
창 밑 찾아온 귀뚜라미 한 쌍
이중창 사랑의 세레나데,

나도 피리 불며
전학 간 짝 생각.
귀뚜라미 우는 밤, 동요 연주
가을 음악회 함께 했지.

물레방아 소리

계곡물
수로로 끌어와 농사짓는
산비탈 계단식 논, 밭.

한 바가지 물도 아까워
쓰고 남은 물로
물레방아 돌려
벼를 찧어 흰쌀을 얻네.

강원도 산골 마을
물레방아
정겹고, 풍요로운 소리.

스르르
쿵덕쿵 쿵덕쿵
풍년을 찧고 있네.

황금 들판

싱그럽게 자란
초록빛 벼 잎
봄바람에 일렁일렁.

여름 햇살에 꽃대 올려
안개꽃처럼 날리더니,

쌀 주머니 속 부연 가루
알알이 여문 햅쌀.

파란 하늘 우러러
황금 들판
고개 숙인 벼.

허수아비, 농부도
어깨춤 덩실덩실.

옥천사 은행나무 외

하 순 희

어머나! 여기 봐요, 노란 나비 천지예요.
지난 가을 온가족 즐거웠던 절 마당.
아빠랑 엄마랑 나랑 날았어요 훨훨훨.

땀이 줄줄 흐르는 뜨거운 한여름에
이 자리에 쉬어가라 부르는 매미소리.
부처님 여기 오셔서 편히 좀 쉬셔요.

야외 캠핑

휴일에 찾아가는 우리가족 야외캠핑.
콧노래 함께하는 아빠엄마 환한 얼굴.
꽃들도 하늘거리고 쑷쑤꾹 산새소리.

봄이면 새싹손님 손편지 꽃그림이
여름이면 녹색초원 시원한 푸른 바다.
찬란한 천연색나라 눈부신 가을캠핑.

방안에 누웠어도 따라오는 물소리.
비단같은 물결이랑 손에 밴 풀냄새.
고마워 다시 만나자 인사하고 왔어요.

사랑하는 메이*

미안해 넘 미안해, 정말 미안해.
아무것도 생각말고 잘가 정말 잘가.
부처님 나라에서는 정말 잘 살기를.

다음생엔 행복하길 좋은 곳에 태어나길.
자유롭게 평안하게 지혜로운 사람 되길.
사랑해 정말 미안해 용서해줘, 안녕 잘 가.

* 오래된 냥이를 보내며

요기 좀 보셔요 외

하 영

할머니 할머니
요기 좀 보셔요.
연꽃 위에 부처님 앉아 계셔요.

엄마 엄마
저기 좀 보셔요.
호랑나비 두 마리 연꽃 그늘에서
기도하고 있어요.

부처님이 연꽃을 좋아하시니
나비들도 연꽃을 좋아하네요.

부처님 말씀,
법당에도 마당에도 개울가에도
향기로운 꽃으로 피어나네요.

목화꽃이 피었어요

니련선하 강 건너
'수자타 꾸띠' 가는 길,
목화꽃이 피었어요.
하얀 꽃 분홍 꽃 탐스럽게 피었어요.

꽃과 꽃 사이로
둥실둥실 두둥실 뭉게구름 모여서 놀고,
무명수건으로 볕을 가린 고모할머니,
앞치마 가득 꽃구름 담아 달려오셔요.

해 안 떠도 훤~
달 안 떠도 훤~
우리 달덩이
우리 순둥이
목화처럼 따습고 보드랍게 살거라.

어린 저를 어르셨다는 고모할머니
청아한 목소리로 달려오셔요.
목화꽃 흔드시며 달려오셔요.

* 수자타 꾸띠 : 수자타 집터. '꾸띠'란 풀과 나무로 얼기설기 지은 초막을 말합니다.
부처님께서는 수자타 소녀가 올린 유미죽(우유죽)을 드시고, 기운을 차려 마지막 깨달음을 위해 전정각산을 향해 떠나십니다.

너도 좋겠다

너는 좋겠다, 개나리야!
희망과 기대를 안고 태어나서.

너도 좋겠다, 민들레야!
언제 어디서나 항상
감사와 행복을 품고 살아서.

봄까치꽃 너도 참 좋겠다.
요기조기
동네방네 구석구석
가장 먼저 기쁜 소식 전해주어서.

그 자리에 있기만 해도
행복하고 감사하고
희망이 부풀고
자꾸자꾸 웃음이 퍼져나가서.

사색의 향기 외

해성 스님

수평선 저 먼
싱그러움과
푸르름으로

가을바람 품어 안고
오색 물결 곱게 물든
숲과 들녘의 고운 빛깔이
불꽃의 향연처럼 아름답다.

앙상한 가지에
홀로 애달픈 잎 새 하나,

못다 한 사랑을 찾아서
빈 허공을 헤맨다.

적막한 시간의 흐름 속에
인생은 쉼 없이 가는데,
나는 누구인가 사색하며
내면의 소리에 귀 기울이는
사색의 향기여.

인연의 흐름

나뭇잎 사이 숨은 꽃,
한아름 품에 안았지만
은은한 향기 속에서도
허전함은 더해갑니다.

끝없이 흐르는 계곡물처럼
그저 바라보는 것만으로는
마음이 공허해지고,
손에 닿을 듯 아득하여
그림자로 누워 텅 빈 자리를 채울 수 없습니다.

만나고 헤어지는 아쉬움은
마음속의 번뇌로 쌓여만 가고,
흘려보내야 할 시간 속에서
나는 다시 한번
흘러가는 구름을 바라봅니다.

흐르는 물처럼
그저 흘러가는 대로 무심할 수만 있다면

나도 그렇게
세상의 모든 인연을
자연스럽게 놓으며,
새의 깃털처럼
가벼운 마음으로 흐를 수 있기를…

보랏빛 추억

보랏빛 추억이
담벼락을 오르며
그리움을 부른다.

바람이 불 때마다
첫사랑 향기는
두근거리는 마음으로
품 안을 파고든다.

사랑한다고 말하지 못한
그 한마디를 잊지 못해
한 송이 꽃으로 나부끼는 가슴.

너의 모습 앞에 감추던
수줍은 얼굴.

세월 속에 묻어버린
아련한 추억이 너무 그리워,

아픈 가슴으로 안아보는
나팔꽃 한 송이.

절에 가면

홍 문 식

산사 풍경소린
시냇물 되어
마음의 부스러기
졸졸 흘려보내고요.

법 바다 달빛
법문 한 조각
입에 물고 나와
소르르 미끄러지며
어두운 밤길 밝혀주지요,
부처님은.

부처님 귀는
커다란 주머니
속세의 모든 소망
다 담아주시니까.

부처님 눈은
커다란 등불.

자비로 세상을
골고루 살펴주시니까.

부처님 입은
지혜의 도서관.
법문으로
우릴 일깨워 주시니까.

부처님 손은
때밀이 수건.
불법으로 마음을
깨끗이 씻어 주시니까.

동화

김일환　박춘희　서동애　손수자

양인숙　오해균　이경희

이연수　정소영

정혜진　최현숙

칼날 대신 자비를 세우다

김 일 환

옛날, 어느 항구 도시에 한 장자가 살았다. 사업은 번창했고, 미와 덕을 함께 갖춘 선묘 부인이 두 아들을 낳아 지혜롭게 키워주었다. 장자와 그 가족은 행복했다. 그러나 조리가 7살이 되고, 속리가 5살이 되던 해, 선묘 부인은 몹쓸 병에 걸려 몸이 야위게 되었다. 죽을 때가 가까워진 것을 알자, 선묘 부인은 아들 둘을 불렀다.

"아들아, 살아있는 것은 모두 죽게 마련이다. 자연의 이치란다. 그걸 고통으로 생각하면 안 된다."

선묘 부인은 또 말했다.

"아들아, 아무리 힘들어도 자비를 베풀며 살아야 한다."

선묘 부인은 끝내 세상을 하직하고 말았다. 장자는 낮에는 아이를 돌보고, 밤에는 눈물로 지샜다.

몇 달이 지나자, 두 아들을 맡길 부인이 필요하다는 것을 깨달았다. 장자는 누구든지 아이 둘을 극진히 보살펴 주는 여인을 구하려 했다. 장자의 대문 앞에는 연일 여인들의 줄이 길었다. 그들의 생각은 거의 같았다.

'장자는 억만금을 가진 분이야. 결혼만 하면 팔자 펴는 거야.'

그러나 장자의 날카로운 질문에 지원한 여인들의 마음은 그대로 드러났다. 장자는 실망했다. 그러다가 한 여인이 장자의 문에 들어왔다. 여인이 말했다.

"저는 바라는 것이 하나도 없습니다. 아는 것도 없습니다. 그러기에 오히려 돌아가신 부인의 뜻을 이어받아 아드님을 더 잘 키울 수 있습니다."

그녀는 비록 형색은 남루했지만 눈빛은 맑았고, 얼굴빛이 고왔다.

여인은 그날부터 조리와 속리를 돌보았다. 생모의 육아 방식을 따라서 지극 정성으로 아이들을 보살펴 주었다. 두 달이 지나자 아이들은 새어머니를 생모처럼 따랐다.

어느덧 새어머니는 어리라는 사내아이를 낳았다. 조리와 속리는 어리를 귀여워했다.

"아버지, 어리가 있어서 세상이 밝아요."

"어머니, 어리가 얼른 커서 함께 놀았으면 좋겠어요."

"어리는 엄청 똑똑해요. 말은 못 해도 우리가 하는 말을 다 알아들어요."

그래도 새어머니는 어리보다 조리와 속리를 더 극진히 보살폈다. 장자는 이제 안심이 되었다.

"중단했던 무역을 시작해야겠소. 2년간 무역을 하지 않았더니 저쪽 나라들이 난리라는구려. 얼른 물건을 갖다 주어야겠어요. 많은 상품을 싣고 가려니 선원이 스무 명 정도 필요하겠소. 배 수리는 거의 끝냈다고 하오."

장자는 큰 배에 짐을 가득 실었다.

장자가 부인에게 또 말했다.

"내가 없는 동안 다른 것은 신경 쓰지 마시오. 세 아들의 안전과 건강을 지켜주기 바라오. 물론 당신도 건강해야 하고."

장자는 몸을 돌려 조리와 속리에게도 말했다.

"어머니 말씀 잘 듣고, 어리를 잘 보살펴 주거라."

장자는 먼 나라로 떠났다. 1년쯤 걸린다고 했다.

이제 일 년이 거의 지나갔다. 얼마 후에는 장자가 돌아온다는 기쁨이 집안을 에워쌌다. 하인들이 여전히 알아서 집안일을 척척 해주었다. 그러나 아이들이 먹을 음식은 꼭 새어머니가 요리했다.

조리가 의젓하게 말했다.

"어머니, 우리 형제는 많이 컸습니다. 어머니께서 직접 요리하지 않아도 됩니다. 어리가 아직 아기이니 어리가 먹을 음식을 잘 만들어주세요."

"아니란다. 너희가 먹을 음식을 만들 때 나는 얼마나 행복한지 모른단다."

"그러면 어머니도 함께 드세요."

"그러자꾸나."

새어머니는 자기가 만든 요리를 먹는 조리와 속리를 바라보면서 생각했다.

'저 두 아이가 나에게 행복을 가져다주었어. 저 애들이 아니었으면 나는 아직도 거지꼴로 살았을 거야. 정말 고마운 아이들이야.'

새어머니는 두 아이가 씩씩한 청년이 되어가는 모습을 상상하니 기뻤다. 그런데 갑자기 고개가 갸우뚱해졌다.

'몇 년 후에는 어찌 될까? 저 아이들이 나를 괄시하지 않을까? 내가 필요 없는 사람이 될 거야. 장자가 죽고 나면 어리에게 재산을 나누어

주려 할까? 어림도 없어. 어리와 나는 이 집에서 쫓겨나고 말 거야.'

새어머니는 뜬눈으로 밤을 보냈다. 다음 날이 밝았다. 새어머니가 도시락을 싸면서 말했다.

"우리, 무인도로 소풍 가자. 일 년 전에 아버지와 함께 갔던 그 섬 말이야."

조리와 속리는 만세를 불렀다. 매일 가도 싫증이 나지 않을 만큼 아름다운 섬이었다.

뱃사공은 돛을 펴고 두 식경 정도 먼 바다로 나갔다. 조그만 섬이 보였다. 빙 둘러서 모래밭이 있고, 가운데는 얕은 언덕이 있었다. 언덕에는 야자수 수십 그루가 그늘을 드리우고 있었다.

조리와 속리는 배에서 펄떡 뛰어내렸다. 파도가 보드랍게 모래밭을 들락거렸다. 둘은 모래 놀이를 하다가 새어머니에게 말했다.

"어머니, 섬을 한 바퀴 돌고 와도 돼요?"

"섬은 안전하다. 천천히 다녀와도 괜찮다."

조리와 속리는 파도와 놀면서 섬을 한 바퀴 돌고 왔다. 그런데 아무도 없었다. 가물가물 사라지고 있는 돛단배가 보였다. 아무리 소리를 질러도 배는 되돌아오지 않았다. 두 형제는 새어머니가 자기들을 버리고 간 것을 깨달았다. 두 형제는 서로 끌어안고 울었다.

먹을 것이라고는 새어머니가 놓고 간 도시락이 전부였다. 하루가 지나자 먹을 것이 없었다. 야자가 달려 있었지만 너무 높아서 올라갈 수 없었다. 조리와 속리는 또 울었다. 그러다가 둘은 또 애타게 바다를 향해 소리쳤다.

"살려주세요! 살려주세요!"

그러나 와 주는 사람은 없었다. 아니, 들어주는 사람조차 없었다.

둘은 벌써 사흘째 물 한 모금도 마시지 못해 허기도 지고 기진맥진하여 나무 밑에 쓰러졌다.

둘은 새어머니를 원망했다. 나중에는 다시 태어나면 새어머니에게 꼭 복수하리라 다짐했다. 둘은 뱃사공을 원망했다. 틀림없이 새어머니는 뱃사공과 짰을 거라는 생각이 들었다. 둘은 뱃사공에게 복수를 다짐했다. 그뿐 아니라 새어머니처럼 나쁜 사람들을 모조리 찾아내어 세상에서 없애버리는 일을 하기로 다짐했다.

둘의 목소리는 점점 사그라들었다. 그래도 조금이라도 힘이 생기면 살려달라고 목줄을 세워 외쳤다. 그래도 아무도 찾아오지 않았다. 둘은 어리를 원망했다. 어리가 태어나지 않았으면 이런 일이 없었을 거라고 생각했다. 나중에는 아버지와 어머니를 원망했다. 아버지가 좋은 여자와 재혼했으면 이런 일이 없었을 거라고 생각했다. 어머니가 먼저 돌아가시지 않았다면 어머니와 행복하게 살고 있었을 거라고 생각했다. 둘은 악에 받쳐서 울었다.

이제 손가락 하나도 움직일 수 없었다. 눈물도 나오지 않았다. 조리는 마지막 힘을 다하여 속리를 껴안았다. 둘의 생명이 꺼지려고 했다.

문득 조리에게 생각 한 줄기가 흘러들었다.

'이 세상에 우리처럼 고통을 받는 사람이 얼마나 많을까? 그들은 날마다 도와달라고 소리치고 있겠지. 그러나 아무도 찾아가지 않을 거야. 아무도 들어주지도 않을 거야. 깊은 땅속에 갇힌 느낌일 거야. 얼마나 고통스러울까?'

조리가 속리에게 생각을 말하자 속리가 고개를 끄덕였다. 속리가 숨을 가늘게 헐떡이며 말했다.

"난 기억이 잘 안 나. 돌아가신 어머니가 늘 자비를 베풀라고 했어.

이게 그건가?"

"맞아. 어머니 말씀! 그 일을 우리가 하자. 고통스런 사람이 도와달라고 부르면 바로 달려가서 도와주는 사람으로 태어나게 해 달라고 기도하자."

두 형제는 서원을 세웠다. 둘은 서원을 빌고 또 빌면서 숨을 거두었다.

형제는 몇 겁을 다시 태어나면서 정진을 계속했다. 그리하여 조리는 관세음보살이, 속리는 대세지보살이 되어 아미타불의 협시보살이 되었다.

〈이 동화는 관세음보살의 여러 탄생 설화 중 관세음보살 본연경을 개작한 것임〉

신비로운 수로부인

박 춘 희

　수로부인은 순정공의 아내입니다.
　수로부인은 얼굴이 곱고 몸매도 아름답지만, 남다른 신비로움을 지녔습니다.
　신라 사람들은 물론 동식물과 자연물도, 수로부인의 신비로움을 알고 있었습니다.
　남편 순정공이 강릉 태수로 명을 받아 부임 길에 올랐습니다.
　강릉까지는 이틀이나 걸리는 먼 길이었습니다.
　순정공은 말을 타고, 수로부인은 가마에 앉았습니다.
　하인과 하녀, 교대할 가마꾼들, 풍악을 울릴 악사, 기생들도 함께 나섰습니다.
　해안을 따라 긴 행렬이 이어졌습니다.
　봄볕은 따스해도 소금기 머금은 해풍은 아직 쌀쌀합니다.
　해가 중천을 지날 무렵, 일행은 걸음을 멈추었습니다.
　해안가에 자리 잡고 점심을 준비했습니다.
　수로부인도 가마 밖으로 나와 동해의 푸른 바다를 보았습니다.
　해풍이 수로부인의 귀밑머리를 간지럽히며 속삭입니다.

"수로부인을 사모하는 분이 계셔요."

수로부인이 주위를 두리번거렸습니다.

해풍이 귀밑머리를 간지럽히며 다시 속삭입니다.

"그분은 동해 바다 왕이셔요."

수로부인은 날리는 귀밑머리를 넘기며 미소 지었습니다.

바로 옆의 하녀와 기생은 그 소리를 듣지 못했습니다.

오직 수로부인만 해풍의 속삭임을 들었습니다.

수로부인은 끝없이 펼쳐진 수평선을 보았습니다.

물새들이 끼룩끼룩 울었습니다.

파도는 수만 마리의 말처럼 몰려왔다 바위에 부딪혀 흩어집니다.

수로부인은 바다를 등지고 돌아서 뒷산을 올려다봅니다.

높은 바위 언덕이 병풍처럼 펼쳐져 있었습니다.

어디선가 가녀린 소리가 들렸습니다.

"살려…주세요. 목이…타요. 제발…좀… 살려…주세요."

수로부인의 시선이 소리 나는 높은 바위 언덕에 닿았습니다.

걸음을 옮기자 바위 사이로 붉은 꽃이 보였습니다.

잠시 망설이던 수로부인이 사람들에게 부탁했습니다.

"여보시게! 저 바위틈에 붉은 꽃이 있어요. 누가 저 꽃을 내게 좀 갖다 줄 수 있겠소?"

붉은 꽃을 쳐다보며 사람들은 서로 눈치만 살폈습니다.

"들판 어디서나 볼 수 있는 흔한 꽃입니다."

하녀가 입을 열자, 기생과 하인도 말을 이었습니다.

"저리 높은 곳을 어떻게 올라갑니까?"

"바위 언덕이라 미끄럽고 위험합니다."

누구도 선뜻 나서려 하지 않았습니다.
"살려…주세요. 목이…타요. 제발…좀…살려…주세요."
가녀린 꽃의 소리에 수로부인의 마음은 더 아팠습니다.
바로 그때, 노랫소리가 들렸습니다.
"괜찮다 하시면/ 암소 고삐를 놓고/ 제가 꽃을/ 바치오리다."
암소를 끌던 백발노인이 노래를 부르며 다가옵니다.
수로부인이 반가워 얼른 고개를 끄덕입니다.
백발노인은 조심조심 높은 바위 언덕을 오르기 시작합니다.
일행은 숨을 죽이고 백발노인을 지켜봅니다.
마침내 백발노인은 꽃을 뽑아 땅으로 내려왔습니다.
두 손으로 꽃을 받들고 다시 노래를 부릅니다.
"괜찮다 하시면/ 암소 고삐를 놓고/ 제가 꽃을/ 바치오리다."
수로부인은 허리를 굽혀 공손히 그 꽃을 받았습니다.
백발노인은 암소를 끌고 지나갔습니다.
수로부인은 물기가 촉촉한 땅을 골라 그 꽃을 심었습니다.
다음 날도 일행은 바닷가의 길을 따라 강릉으로 향했습니다.
점심때가 되어 임해정이라는 정자에 도착했습니다.
그런데 호수처럼 잔잔하던 바다에 높은 파도가 일기 시작합니다.
갑자기 물살을 가르며 커다란 용이 불쑥 솟구칩니다.
용의 비늘은 눈부시게 찬란했습니다.
용은 순식간에 수로부인을 감아 안고 바닷속으로 사라졌습니다.
정자에 앉았던 순정공은 너무 놀라 뒤로 자빠지고 말았습니다.
순정공은 벌떡 일어나 바다로 내달렸지만 흔적조차 없었습니다.
동해 바다는 호수처럼 다시 잔잔해졌습니다.

순정공은 어쩔 줄 몰라 안절부절못합니다.
바로 그때, 수로부인에게 꽃을 바쳤던 백발노인이 나타났습니다.
"예로부터 백성의 말은 무쇠도 녹인다 합니다. 바다의 왕인들 어찌 사람의 입이 두렵지 않겠습니까?"
"그럼 어찌해야 하오?"
"어서 백성을 모으시지요. 노래를 지어 부르며 막대로 모래 언덕을 치십시오. 반드시 부인을 찾을 수 있을 것입니다."
순정공은 서둘러 강릉 백성을 불러 모았습니다.
백발노인이 시키는 대로 막대로 모래 언덕을 치며 노래를 불렀습니다.

> 동해의 용아! 동해의 용아!
> 수로를 내놓아라.
> 남의 부인을 빼앗은 죄,
> 얼마나 큰가.
> 만약 거역하고
> 내놓지 않으면,
> 그물로 옭아매어
> 구워 먹으리.

해가 서쪽으로 기울기 시작했습니다.
비늘이 눈부시게 찬란한 용이 수로부인을 안고 물 밖으로 나왔습니다.
모래밭에 수로부인을 내려놓고 바닷속으로 사라졌습니다.

사람들은 넋이 나간 듯 꼼짝도 못 했습니다.
순정공이 허겁지겁 다가가서 물었습니다.
"부인! 얼마나 무서웠소?"
"조금도 무섭지 않았습니다."
"어떻게 옷에 물이 한 방울도 묻지 않았는지……."
수로부인의 옷차림은 본래 모습 그대로였습니다.
"부인! 물속은 어떠했소?"
"산호초로 꾸며진 아름답고 깨끗한 용궁이 있었습니다. 향기롭고 맛있는 음식도 대접받았습니다."
순정공은 고개를 갸웃거리며, 놀란 가슴만 쓸어내렸습니다.

요즘도 가끔 비늘이 눈부시게 찬란한 용에 대해 생각하는 사람이 있습니다.
동해 바다 어디쯤, 수로부인을 사모하던 용이 아직도 살고 있을지 모른다고 말입니다.

애기 스님과 초콜릿

서 동 애

　비자나무가 울창한 숲속에 아주 아주 오래된 작은 절이 있었어요. 이곳에 비구니 주지 스님과 종철 애기 스님이 계셨어요. 올해 아홉 살인 종철 동자 스님은 그 절에 다니던 노보살님의 손자였어요. 이태 전, 손자를 돌보던 노보살님이 돌아가시자 주지 스님은 혼자 남은 종철이를 절로 데려왔어요.
　"종철아, 이제부터 이곳에서 나랑 사는 거다. 너는 무얼 좋아하느냐?"
　"무지개 색깔 초콜릿을 좋아해요."
　종철이는 눈을 깜박이며 말했어요.
　"초콜릿이라? 절에 살려면 먹고 싶다고 다 먹을 수 없단다. 알겠느냐?"
　스님 말씀을 들은 종철은 금방이라도 눈물이 쏟아질 것처럼 슬픈 표정으로 고개를 끄덕거렸어요.
　'너를 이곳에 적응하고 살게 하려면 어쩔 수 없구나.'
　스님은 내색하지 않았지만, 종철이 몹시 안쓰러웠어요.

어느 깊은 겨울날 주지 스님과 종철 애기 스님은 절 뒤 산비탈에서 땔감 나무를 하고 있어요. 마침, 하늘에서 떡가루처럼 새하얀 함박눈이 펑펑 쏟아졌어요.

"스님, 눈 와요, 눈!"

눈이 온다고 외치는 종철 애기 스님의 까까머리에 새하얀 눈꽃이 피었어요. 저 멀리 비탈진 곳에서 나뭇가지를 끌어모으는 스님 머리도 눈꽃 밭이 되었어요.

"스으님, 스으님, 눈 온다고요. 눈!"

애기 스님은 다시 목청껏 외쳤어요. 그때 산골짜기가 부산스러워졌어요.

"푸드덕, 후다닥!"

산꿩과 산비둘기들이 놀라서 날고, 절 마당에 내려온 노루가 절 뒤 대숲으로 몸을 급히 숨겼어요.

'종철아, 이것도 수행이니라!'

큰 스님은 못 들은 척 부지런히 나뭇가지를 모았어요.

그때 종철 스님 눈에 비자나무 사이로 올라오는 낯익은 보살님이 보였어요.

"스님, 머리 시려요!"

종철 스님은 아까보다 더 크게 외쳤어요. 나뭇단을 다 묶은 스님은 배시시 웃음을 흘렸어요.

무심한 듯 모른척하면서도 애기 스님이 하는 게 귀여웠어요.

"종철아, 눈 오면 밥도 굶어도 되겠느냐?"

스님이 허리를 세우면서 물었어요.

"그, 그건 아니지만……."

애기 스님은 머리에 쌓인 눈꽃을 털면서 머뭇거렸어요.
"스님, 눈 오는데 뭐 하세요? 미끄러운데 다치시면 어쩌시려고요!"
어느 결에 절 마당까지 온 보살님이 스님을 걱정스러운 표정으로 말했어요.
"와, 보살님이다!"
종철 애기 스님은 때를 놓치지 않고 절 마당을 향해 뛰었어요.
"종쳐라, 종쳐라!"
큰스님이 불러도 아랑곳하지 않았어요.
"스님, 넘어지겠어요. 찬찬히 와요."
애기 스님의 속내를 알기에 보살님은 잔잔히 미소를 띠며 말했어요.
종철 애기 스님은 어느새 보살님이 서 있는 절 마당에 도착했어요.
"보, 보살님, 약속한 것 가져오셨어요? 헉헉."
애기 스님은 보살님께 와락 안기면서 숨찬 소리로 물었어요.
"그럼요. 그런데 주지 스님이 자꾸 종을 치시라는데 얼른 종부터 치고 오세요."
"그, 그게 아니고, 제 이름을 부르시잖아요. 헤헤."
종철 스님이 짓궂게 웃었어요.
"내가 깜박했네요. 스님이 원하신 게 맞는지, 이런 걸 사 본 적이 없어서. 이것도 손에 맞으려나 모르겠네요."
보살님이 가방에서 초콜릿 봉지와 털장갑을 꺼내 종철 스님 손에 끼워주었어요.
"네, 맞아요. 장갑도 제 것이에요?"
종철 스님은 털장갑 낀 손에 무지개 색깔 초콜릿을 받아 들고 껑충껑충 뛰었어요.

"초콜릿을 먹고 나면 이를 잘 닦아야 해요. 그렇잖으면 이가 썩어요. 닦지 않으면 나중에 치과에 가야 해요. 알겠어요?"

"넵!"

"종철아, 종철아."

큰 스님이 불렀어요.

"스님 가요!"

종철 애기 스님은 얼른 돌담 안에 초콜릿 봉지를 숨겼어요. 그리고 보살님을 향해 눈을 찡끗했어요.

"쉿! 큰스님께는 비밀입니다."

"스님이나 들키지 마세요."

보살님은 빙그레 웃으며 대답했어요.

"스님, 부디 지금처럼 몸도 마음도 건강하세요. 나무 관세음보살!"

날다람쥐처럼 재빨리 산비탈을 오르는 종철 애기 스님 뒷모습을 바라보며 보살님이 손을 모았어요.

무지개 숲의 일기 파는 가게

손 수 자

맑고 푸른 숲속에서 푸념하는 소리가 들렸어요.
흐르던 냇물이 멈추고 춤추던 잎사귀들도 귀찮은 듯 가만히 있었어요.
"왜 갑자기 한다고 하는 거야, 선생님 미워!"
일기 검사를 한다는 호랑이 선생님 말씀에 사슴이 제일 먼저 투덜거렸어요.
"무슨 좋은 방법이 없을까?"
기린도 목을 쭉 빼고 큰 눈을 굴리며 말했어요.
"참, 일기를 파는 가게가 있대."
나비가 팔랑팔랑 날갯짓하며 말했어요.
"정말, 그런 가게가 있다고? 그럼, 얼른 가보자."
기린 목에 올라가 달랑 목걸이가 된 거미가 맞장구를 쳤어요.
저만치 앉아 있던 토끼와 여우도 함께 가겠다고 나섰어요.
일기장 가게는 소나무가 많은 무지개 마을에 있다고 했어요.
무지개 일곱 형제가 일기를 써서 팔고 있대요.
빨강이, 주황이, 노랑이와 초록이, 파랑이, 남색이, 그리고 막내 보라까지.

소나무 가지마다 걸린 일곱 빛깔 가게는 보기만 해도 아름다웠어요.

제일 먼저 들어가 본 빨강이 가게는 모든 것이 다 빨갰어요.

"내 일기는 글자도 또박또박 잘 썼지만 그림도 잘 그렸답니다."

빨강이는 그림일기를 가슴에 대고 활짝 펼치면서 말했어요.

성질이 급한 사슴이 얼른 그림일기를 잡아들었어요.

"제가 살게요. 그림이 무척 마음에 들어요."

사슴은 뿔 지갑을 꺼냈어요.

"네, 꽃잎 일곱 장을 주시면 된답니다."

"여기 있어요."

"네, 고맙습니다. 안녕히 가세요."

함께 간 동물들은 입맛을 다시며 아쉬워했어요.

그러자, 주황이 가게로 나비가 훨훨 날아 앞장섰어요.

손님이 왔는데도 주황이는 팔짱을 끼고 생각에 잠겨 있었어요.

팔랑팔랑 사슴뿔 위로 올라간 나비가 속삭이며 말했어요.

"일기를 쓰다가 말았어. 저런 일기를 팔려고 내놓다니, 다른 가게로 가자."

먼저 들어갔다 나온 나비가 손사래를 치면서 노랑 가게로 옮겨갔어요.

의자, 식탁, 책꽂이 그리고 일기장까지 모두 노란색이었어요.

노랑 안경테를 쓰고 턱을 치켜든 노랑이가 말했어요.

"여러분, 이건 시인이 쓴 일기장이라 좀 비싸답니다."

"얼만가요?"

팔랑팔랑 일기장을 넘기며 나비가 물었어요.

"꽃잎 열 장은 받아야 하지만 아홉 장만 주세요."
나비는 날개 밑에다 꼭꼭 접어둔 꽃잎 아홉 장을 내밀었어요.
"아마, 제일 잘 썼다고 칭찬받을 겁니다."
노랑이는 아홉 장 꽃잎을 노랑 지갑 속에 넣으며 말했어요.
온통 초록 들판을 옮겨놓은 초록이 가게는 들어가니 마음이 편해졌어요.
녹차까지 따라주면서 여러 종류의 일기장을 펼쳐놓았어요.
초록 물이 뚝 뚝 떨어질 것 같은 초록이 일기는 거미가 샀어요.
풀잎 표지 위에 거미줄을 치면 좋겠다고 신이 났어요.
한편, 입술까지 파란 파랑이는 고민에 빠졌어요.
파랑이는 일기 파는 가게를 연다고 했을 때 고개를 가로저었어요.
자신이 쓴 일기를 남에게 판다는 것은 있을 수 없다고 생각했기 때문이에요.
하지만 무지개 마을에서는 모든 것을 다 팔 수 있다는 결론을 내렸어요.
왜냐하면, 무지개는 곧 희망이니까요.
일기장을 여럿, 준비하기는 했지만, 파랑이는 차마 일기를 쓰지 못하고 있을 때였어요.
"너희, 일기 다 샀니?"
늦게까지 초록이 가게에 있던 토끼가 헐레벌떡 뛰어오면서 물었어요.
"너도 아직 일기를 못 산 모양이구나."
여우가 걱정스러운 듯 토끼에게 다가왔어요.
"아직 파랑이, 남색이 그리고 보라 가게가 있잖아."

토끼는 기린과 사슴과 여우, 그리고 나비, 거미와 함께 파랑이 일기장을 펼쳤어요.
"어머머!"
놀란 것은 사슴이었어요.
다른 동물들도 서로 바라보면서 입을 다물지 못했어요.
하늘을 닮은 파랑이 일기에는 글자가 한 자도 없었어요.
갑자기 사슴의 얼굴이 빨개지면서 말했어요.
"얘들아, 파랑이는 우리에게 선생님이야."
"뭐라고? 일기도 안 썼는데 무슨 선생님이야?"
토끼가 귀를 쫑긋 세우며 소리쳤어요.
"쓰지도 않은 일기장을 팔려고 하는데 선생님이라니 말도 안 돼!"
여우도 꼬리를 치며 눈을 흘겼어요.
"아직도 모르겠어? 우린 하기 싫은 일을 돈으로 사려고 했잖아."
사슴이 눈망울을 굴리며 말을 이었어요.
"남의 이야기를 사서 혼만 나지 않으면 된다는 생각이잖아."
나비도 사슴뿔에 살짝 앉으며 고개를 끄덕였어요.
"맞아, 파랑이가 쓰지 않은 일기를 내놓은 이유를 생각해 봐야 해."
기린도 긴 목을 아래로 떨어뜨리며 작은 소리로 말했어요.
"일기는 쓰지 않으면서 벌도 받지 않으려고 한 우리가 나빴어."
"자기 일기는 자기가 써야 해."
거미가 말하자, 여우도 맞장구쳤어요.
그때 연필만 굴리고 있던 파랑이가 웃으며 말했어요.
"너희가 정말 그렇게 생각한다면 남색이 가게로 가보렴."
남색이 가게 앞 팻말에는 이렇게 쓰여 있었어요.

> 일기 파는 가게에 오신 여러분!
> 사고 싶은 일기 잘 골랐나요?
> 아직 일기를 사지 못했다면 보라 가게로 가보세요.
> 멋진 선물이 기다리고 있을 거예요.

선물이 있다는 말에 모두 보라 가게로 달려갔어요.

온통 보라색으로 칠한 가게 안에는 작은 창문 하나가 있을 뿐이었어요.

기린이 두리번두리번하다가, 살짝 창문을 열었어요.

창밖에 달린 풍경 소리가 달랑달랑 울렸어요.

"자, 여기 선물입니다."

일곱 빛깔 무지개가 소나무 위에 걸려 환하게 웃고 있었어요.

"아, 예쁘다!"

두 손을 모으며 모두 하나같이 외쳤어요.

갑자기 무지개 일곱 빛깔이 흩어지더니 연기처럼 안으로 들어왔어요.

알록달록 빛깔들이 동물 친구들 머리 위로 내려앉았어요.

"잘못한 생각을 고쳐주어 감사합니다."

기린이 목을 쭉 빼서 인사했어요.

"감사합니다!"

"잠깐 좋지 않은 생각을 했는데, 고마워요, 정말 고마워요."

여우도 눈을 반짝이며 여러 번 고개를 까딱거렸어요.

"우리 일기 쓰러 가야지!"

"그래, 일기 쓰러 가자."

맑고 푸른 숲속에서는 사각사각 연필 깎는 소리가 들려왔어요.

멈춰 있던 맑은 물이 졸졸 흐르고, 잎사귀들도 반짝이며 춤을 추었어요.

푸른 하늘이 조용히 내려다보더니, 두둥실 구름 풍선 하나를 내걸었어요.

일기 파는 가게는 문을 닫습니다. 영원히!

돌 심지

– 고인돌

양 인 숙

머언 옛날, 멋진 할아버지 한 분 살았대요.

너부실 아저씨가 아이를 안고 헐레벌떡 할아버지를 찾았어요.

"어서 오시게, 어인 일인가?"

"하이고 어르신, 아이가 어젯밤 열이 심해서, 숨이 멎었어요."

"그래, 이리 눕혀 보시게."

할아버지는 아이를 살핍니다.

할아버지가 아이의 손바닥 중앙을 동그라미를 그리듯 빙글빙글 돌리다가 한곳을 꼭 누릅니다. 숨이 멎은 듯 축 늘어져 있던 아이가 '푸우' 숨을 내쉽니다.

"숨이 멎은 것은 아니고 잠시 혈이 막혔구먼, 이제 괜찮을 것이야. 급하게 뛰어오느라 힘들었겠구먼. 자 이것 한 모금 하고 숨 좀 돌리게."

할아버지는 옆에 있던 주전자에서 차 한 잔을 따라서 아저씨에게 줍니다.

"고맙구먼요. 급할 때마다 이리 해결을 해 주시니."
"별 것 아니야. 급할 때일수록 마음을 잘 챙기시게."
올 때는 들쳐 업혀 왔던 아이도 빙그레 웃으며 인사를 합니다.
"할아버지 고맙습니다. 내일 놀러 와도 되지요?"
"그래, 그래. 가서 기운 차려서 내일은 뛰어오너라!"
"네에."
아저씨는 아이 손을 잡고 돌아갔습니다.

잠시 뒤,
"영감님, 영감님 계세요?"
건넛마을 할머니가 찾아 왔습니다.
"거 뉘시오?"
괭이로 겨울에 먹을 무를 심기 위해 땅을 파던 할아버지가 앞마당으로 나왔습니다.
할머니 손에는 누렇게 된 나락 잎이 들려 있었습니다.
"아 글씨 어제까지도 멀쩡하던 나락이 아침에 나가니 이렇게 누렇게 되어있지 않겠어요. 어떻게 해야 할까요?"
"글쎄요. 거 논둑 풀을 말끔하게 깎아줘 보세요. 논둑의 풀이 자라서 바람이 통하지 않아서 그러는 것 같은 대요."
할아버지는 사람들이 찾아와서 물을 때마다 가장 쉽고 편한 방법으로 일을 해결해 주었습니다.

화가 난 사람이 찾아오면 시원한 차 한 잔 따라주며 위로를 해 주었고 외로운 사람이 찾아오면 따듯한 차 한 잔 따라 주며 마음을 달래

주었습니다.
 그래서 마을 사람들 누구나 할아버지를 좋아하였대요.

 어느 날, 할아버지는 몸을 벗어 놓고 홀연히 어디론가 떠나버렸어요.
 마을 사람들은 울며 할아버지가 일어나길 기다렸지만, 할아버지는 일어나지 않았답니다.
 기다려도, 기다려도 일어나지 않는 할아버지의 몸을 땅에 심기로 하였어요.
 씨앗을 심으면 새싹이 나오듯 할아버지 몸을 심으면 그 따듯한 마음이 새싹처럼 솟아날 줄 알았나 봐요.
 그리고 크고 든든한 바위를 끌어다 할아버지 집을 만들었어요.
 할아버지 바라보듯 바위 집 바라보며 사람들은 차츰 알게 되었답니다. 중요한 것은 눈에 보이지 않는다는 것을요.

 이제 할아버지의 작은 정성, 따뜻했던 마음은 세계 문화유산이 되어 숲속에 동그마니 남아 있어요.
 할아버지를 그리던 마음은 지금도 봄이면 진달래꽃으로 피고, 여름이면 원추리꽃으로 훨~훨~ 피어나고 있어요.

 어느 때부터인지 바위 집 위에 소나무 한그루도 자라고 있어요.
 사람들은 그 나무를 '돌 심지' 나무라 부른답니다.

개똥벌레와 지구 살리기 운동

오 해 균

1.

밤하늘을 요정처럼 빛으로 수를 놓는 벌레가 있어요.

반디라는 예쁜 이름이 있지만, 사람들은 그들을 개똥벌레라고 부릅니다.

도시에서 살면서 TV 화면으로만 보고 실제로 본 적이 없는 재석인 집에서 개똥벌레를 키우고 싶었어요.

"아빠, 개똥벌레는 왜 개똥벌레야?"

"글쎄다, 잘은 몰라도 아마 개똥을 먹고 살아서 그렇게 부르지 않을까."

아빠의 진심 없는 대답에 실망했지만, 혹시나 하는 호기심에 재석인 길거리나 공원에 있는 개똥을 모아야겠다고 생각했어요.

그리고는 식구들 모르게 개똥을 비닐봉지에 담아서 며칠 동안 집으로 가져 왔습니다.

커다란 플라스틱 그릇 안에 개똥을 담아놓고 습기가 없으면 벌레가 클 수 없다고 생각하고 물까지 골고루 뿌려서 햇빛이 잘 드는 베란다 한쪽에 보물처럼 모셔 두었어요.

며칠이 지난 어느 날 저녁에 베란다에서 퀴퀴하고 구린 냄새가 나서 살펴보던 엄마는 개똥을 보고 깜짝 놀라고 말았어요.

"어머나, 이게 뭔 일이야! 아니 개도 없는 우리 집 베란다에 누가 개똥을 이렇게 많이 담아놨어?"

재석인 머리를 긁적이며 엄마에게 말했어요.

"엄마 그거 제가 한 거예요, 얼마 안 있으면 개똥벌레가 날아다니면서 멋지게 빛을 낼 거예요."

"아니 누가 그러든, 개똥에서 빛나는 벌레가 나온다고."

"아빠가요."

"재석아 개똥벌레는, 아니 반디는 깨끗한 공기가 있는 냇가같이 습한 곳에서 유충으로 살다가 성충이 되면 날아다니는 거야, 그리고 공해가 많은 도시에서는 반디는 살 수가 없단다."

"그럼 어디에 살아?"

"반디는 공기가 맑고 숲이 많은 곳에서 살고 있어, 빨리 개똥 버리고 와."

그러나 미련이 남은 재석인 아빠에게 다시 물어보고 버린다고 엄마에게 말했어요.

화가 많이 난 엄마는 개똥을 몇 겹의 비닐봉지에 넣고 몇 번을 동여맨 다음 쓰레기봉투에 넣었습니다.

"재석아 사람이 머리가 있는 것은 생각을 하라는 것이야. 아무 말이나 다 믿지 말고 무슨 일이든 항상 생각을 해 보렴. 개똥에서는 고약한 냄새밖에 없으니 얼마나 불결하니?"

"개똥은 약에도 쓴다고 하는데."

"아휴 답답해!"

화를 내려던 엄마는 문득 옛날 고사성어 형설지공이 생각났어요.

"재석아 이젠 개똥 이야기는 그만하고 엄마가 반딧불에 관한 재미있는 이야기를 해줄게."

옛날 하고도 아주 오래전에 중국 진나라에 차윤이라는 사람과 손강이라는 선비가 있었단다.

가난하지만 책 읽기를 좋아하는 차윤은 이웃에 있는 책을 빌려서 공부하였는데 낮에는 태양 빛으로 공부를 하였고, 밤이 되면 책을 읽을 수 없자 반딧불을 잡아서 얇은 헝겊 주머니에 넣어서 그 빛으로 공부를 하였지.

"얘야, 그렇게 하면 눈을 버린다, 낮에 공부하고 밤에는 자야지."

차윤의 어머니는 아들의 건강을 염려하여 말렸지만 그럴 때마다 아들은

"어머니 염려 마셔요, 빨리 공부해서 훌륭한 학자가 되어 어머니를 편히 모셔야지요."

그 후 차윤은 높은 벼슬도 하고 진나라에서 훌륭한 학자가 되었어.

또 차윤과 비슷한 시기를 살았던 손강이라는 선비도 집안이 몹시 가난하여 겨울에 내린 눈을 크게 뭉쳐서 그 눈에서 나는 빛으로 공부를 하여 훌륭한 사람이 되었으니 후세에 사람들이 반딧불의 '형'자와 눈의 '설'자로 그 두 사람을 칭찬하여 형설지공이라고 하였단다.

비록 집안 환경이 어려웠어도 반딧불과 눈을 이용하여 창의적으로 공부를 하였으니 우리 재석이가 꼭 본받아야 할 훌륭한 학자들이셨단다.

"엄마, 그런데 그 좋은 반딧불을 왜 개똥벌레라 했을까?"

"그건 말이다, 어쩌면 아빠 말이 맞을 수도 있어, 여러 가지 설이 있는데 개똥처럼 흔해서 그렇기도 하고, 또 개똥이나 소똥 주변에는 더러운 물이 흐르는데 거기엔 벌레들이 많아서 반디 애벌레가 작은 생명체를 잡아먹고 커서 그렇게 말했을 수도 있을 거야."

엄마는 재석이 귀에 쏙쏙 들어오게 잘 가르쳐 주셨답니다.

"우리 엄마 척척박사시네!"

"우리 재석이도 그 옛날 손강, 차윤 학자처럼 공부하면 나중에 형설지공도 이루고 훌륭한 학자가 될 거야."

엄마는 퇴근 후 집에 오신 아빠에게 개똥 이야기를 하면서 아이한테 잘 좀 가르쳐 주라고 말씀하셨어요.

"아니 왜?"

"재석이가 개똥을 잔뜩 주워왔지 뭐예요!"

"재석아, 개똥벌레가 그렇게 보고 싶니? 내가 어릴 적에는 소똥 밭에서도 개똥벌레가 있었는데, 그놈들은 똥을 뭉쳐서 잘도 굴리고 다녔었지."

"아빠, 그건 쇠똥구리여요."

"아빠 어릴 때는 미세먼지도 없었고 공기도 깨끗했는데 개똥벌레가 공기가 안 좋으니 많이 사라졌나 보다."

"아빠, 반디가 도시에서도 살아가려면 빨리 맑고 깨끗한 공기가 필요하겠네요?"

"그렇지! 모두가 살기 좋은 지구를 만들어야 하는데 걱정이구나."

아빠가 재석에게 미안했던지 잠시 생각을 하더니 엄마에게 먼저 말했어요.

"여보 요즘 아주 깊은 산골에 가면 거기서는 반딧불을 볼 수 있다 하니 토요일 날 우리 식구 공기 좋은 산골로 캠핑을 갑시다, 어때요?"

"그게 좋을 것 같은데요."

"저도 좋아요!"

"우리 가족은 놀러 갈 때는 의견이 통일되고, 단합이 잘 된단 말이야."

2.

즐겁던 여름방학이 끝나고 첫 번째 날. 아직도 여름이라서 오전이었지만 교실은 후끈거렸어요.

재잘재잘, 조잘조잘 삼삼오오 앉아서 이야기꽃을 피울 때 선생님이 들어오셨어요.

선생님은 아이들이 모두 건강한 얼굴로 인사하는 모습을 보고 기쁜 마음으로 한 명, 한 명 출석을 불렀습니다.

"어린이 여러분, 선생님 보고 싶었나요?"

"네."

"선생님도 우리 친구들이 많이 보고 싶었어요, 하마터면 눈병이 날 뻔했어요."

똑똑한 재석이가 손을 번쩍 들었어요.

"재석아 무슨 일이지?"

"저는 선생님 보고 싶어서 진짜로 눈병 났어요."

그러고 보니 재석이가 한쪽 눈에 안대를 하고 있었어요.

"재석아 병원은 다녀왔니, 의사 선생님이 뭐라고 하시던?"

"계곡에 개똥벌레 보러 캠핑 갔다가 모기에게 물려서 가려워서 비볐

더니 눈이 충혈되고 또 미세먼지가 들어가서 악화되었다고 했어요."

"모두 잘 들어요, 미세먼지가 많은 날은 가능하면 집에 있고, 혹시 외출했다 돌아오면 꼭 손과 얼굴을 씻고 또 눈은 비비면 안 됩니다. 요즘에는 이웃 나라의 사막에서 황사가 시도 때도 없이 날아와 우리나라 하늘을 덮어서 우리들 건강을 해치고 있는걸 보니 숲속도 소용이 없는가 보다."

선생님은 오늘 덥고 미세먼지가 많아서 아이들과 지구를 지키는 방법을 토론해 보겠다는 생각을 하셨어요.

"우리가 살아가는 이곳을 뭐라고 하지요."

지구, 푸른 별, 서울, 마을, 우주, 등등 모두 자기 생각을 말했어요.

"우리는 지구라는 거대한 행성에 살고 있어요, 요즘은 화성에 물이 있다는 것도 알아내고, 우주선이 태양계를 지나 멀리 가는 최첨단 과학 시대인데 한편으로는 우리가 사는 지구는 개발이라는 이름으로 환경이 오염되어 너무 힘들어합니다, 우리 함께 어떻게 하면 건강하고 오랜 시간이 지나도 변함없는 튼튼한 지구를 지킬 수 있는지 함께 토론해 볼까요."

"선생님 행성이 뭐예요?"

"이 우주에는 우리가 헤아릴 수 없는 수많은 별과 행성 두 가지로 구분이 됩니다, 스스로 빛을 내는 것은 별, 별의 빛을 받는 것은 행성, 이렇게 나누지요. 우리가 사는 태양계에서 별은 어느 것일까요?"

"태양이요."

"맞아요, 태양은 별이고 나머지는 모두 행성입니다, 자 다시 지구 이야기를 할까요."

"선생님 홍수가 나고, 너무 더운 것도 사람이 잘못해서 그런 건가요?"

"좋은 질문입니다, 사람들은 개발이라는 이름으로 파괴를 하니 하나를 얻으려면 다섯 가지를 잃어버리는 잘못을 하고 있어요."

아이들이 지구가 걱정되는지 모두 얼굴이 굳어졌어요.

"특히 우리가 조심해야 하는 것 중에 불조심도 빼놓을 수 없지요."

선생님은 화재로 인한 재산 피해와 해마다 여러 나라에서 일어나는 산불로 산림의 황폐화는 물론이고 우리 지구가 많이 힘들어하고 있다고 말씀하셨지요.

"오늘은 가장 기초적이고 우리 어린이들이 할 수 있는 아나바다 운동 토론을 해 보겠어요."

"체육운동은 운동장에서 하지만, 선생님이 이야기하는 아나바다 운동은 전 세계적으로 해야 합니다."

선생님은 아껴 쓰고, 나누어 쓰고, 바꿔 쓰고, 다시 쓰는 아나바다 운동을 설명하면서 이 운동이야말로 우리가 지속적으로 꼭 해야 한다고 강조를 하셨어요.

"어린이 여러분. 어떻게 하면 좋을지 각자가 생각하는 방법을 이야기해 볼까요."

이때 재석이가 손을 높이 들었어요.

"우리 다 같이 재석이의 생각을 들어볼까."

"선생님, 우리 교실에 아나바다 장터를 만들어서 안 쓰는 물건을 가져와 서로 바꿔 쓰면 어떨까요?"

"아주 좋은 생각입니다, 우리 어린이들이 쓰는 물건 중에서 안 쓰는 물건을 가져와서 서로 교환하는 아나바다 장터를 다음 주 금요일에 열도록 하겠습니다."

이번에는 성희가 손을 들었어요.

"그래 이번에는 성희의 의견을 들어보겠어요."

"선생님 뉴스에서 보니 '웨스트 제로' 운동을 해야 한답니다. 그래서 저는 쓰레기 만들지 않으려고 집에서 노력하고 있어요."

"아주 좋은 의견입니다, 실천방법이 있다면 무엇이 있을까?"

"선생님 우리가 거리에서 홍보 활동을 하면 좋을 것 같아요."

"오! 그거 좋은 의견이다. 미세먼지 없는 날, 성희 혼자서가 아닌 우리 다 같이 할 수 있는 거리 캠페인을 교장 선생님과 상의해 보도록 하겠어요."

이번에는 인숙이가 손을 들었어요.

"선생님 업사이클링이 뭐예요?"

"아주 좋은 질문입니다, 환경을 지키는 창의적인 실천방법이 업사이클링입니다, 버려진 폐품을 새로운 용도로 변형시키는 것이지요, 예를 들어 쓰지 않는 옷감으로 가방을 만들면 그것이 업사이클링입니다."

선생님은 버려진 제품을 분해해서 새로운 제품으로 만드는 리사이클링도 자세하게 말씀해 주셨습니다.

"여러분 안 쓰는 플라스틱을 녹여서 저금통을 만들면 그것은 뭐라 할까요?"

"리사이클링입니다."

"오늘 배운 것들을 복습해 보겠습니다."

선생님은 우리 어린이들이 오늘 배운 지구 살리기 공부를 잊지 않도록 큰소리로 따라 하도록 짚어 주셨습니다.

첫째, 외출 후에는 항상 몸을 청결히 하여 내 건강은 내가 지킨다.

둘째, 아껴 쓰고, 나눠 쓰고, 다시 쓰고, 서로 안 쓰는 물건을 바꿔 쓰자.

셋째, 웨스트 제로 즉 쓰레기 만들지 않기를 생활화한다.

넷째, 업사이클링 운동으로 환경을 깨끗이 하자.

다섯째, 항상 불조심을 하여야 한다.

용난굴의 비밀

이 경 희

　넓은 백사장과 푸른 숲, 맑은 바다가 어우러지는 아름다운 섬, 임자도에 작은 어머리 어촌마을이 있어요. '어머리'는 고기의 머리같이 생겨서 붙여진 이름이지요.
　마을 사람들은 바다에서 물고기를 잡으며 김을 따고 조개를 캐며 서로 돕고 살았어요. 하지만 바다 날씨는 언제나 사람들 편은 아니었어요. 때로는 파도가 거칠게 몰아쳐 어선을 뒤엎고 양식장을 못 쓰게 만들었어요. 그럴 때마다 사람들은 섬 어귀의 오래된 동굴에 가서 조용히 기도하곤 했어요.
　큰 바위에 쌓여 아무나 갈 수 없는 그 신비한 동굴, 깊고 어둡고 가끔 안에서 이상한 바람 소리가 휘휘 들려오기도 했지요. 사람들은 그 동굴을 '용난굴'이라고 불렀답니다.

　어느 해, 임자도에 큰 가뭄이 들었어요. 몇 달 동안 비가 오지 않아 우물은 마르고, 논밭도 쩍쩍 갈라지고, 먹을 물이 없어 살기가 힘들었지요. 사람들은 더는 견딜 수 없어 용난굴 앞에 모여 무릎을 꿇고 외쳤어요.
　"이 섬을 지켜 주시는 용왕님, 부디 저희들을 살려주세요! 바다는 우리 생활의 터전입니다. 아무 우환이 들지 않게 도와주십시오!"

사람들은 여러 날 동안 정성을 다해 간절히 기도를 올렸지요. 그러자 이상한 일이 벌어졌어요. 용난굴에서 푸른 빛이 솟구쳤어요. 하늘에서 천둥이 치고 파도가 몸을 일으켜 거세게 밀려오더니 동굴 안에서 번개가 번쩍 우레와 같은 소리가 쿵쿵 크게 났어요. 그 순간 거대한 용의 형체가 하늘로 솟아오르더니 천둥 같은 소리가 크게, 아주 크게 울려 퍼졌어요.

"임자도 백성들아! 너희들의 정직함과 간절함에 내 마음이 움직였노라. 내가 하늘로 오르지만 앞으로 이 땅을 언제나 잘 보살펴주겠노라!"

그 순간, 마른 땅에서 샘물이 솟아나고, 바다가 다시 조용해졌어요. 하늘에서 맹렬하게 내리꽂히던 비가 섬 전체를 적시면서 가뭄이 끝나고 땅도 다시 푸르게 변하며 생명을 되살렸지요.

마을에서 제일 나이 많은 노인이 나서며 두 손을 모으고 경건하게 말씀하셨어요.

"우리 어머리 사람들은 매년 봄이면 동굴 앞에서 감사의 제사를 올리는 유래가 있었어요. 저 용왕님은 본래 이 땅을 지키던 수호신이었어요. 동굴에서 용이 났다고 해서 우리는 '용난굴'이라 불렀고 용왕님은 오래전부터 임자도에 머물면서 승천할 때를 기다리고 있었던 거요. 사람들이 간절한 마음으로 도와달라고 부탁 기도를 올리면 승천한다는 전설도 있었지요. 이번에 사람들 목숨을 앗아갈 뻔 한 큰 가뭄을 겪으면서 모두 한마음으로 용왕님께 빈 것이 통한 것일 거요. 앞으로 일 년에 한 번 제사를 올립시다."

두 번째로 나이 많은 노인도 나섰어요.

"옛날에 중국에서 오는 도자기를 가득 실은 배가 신안 임자도 인근에서 침몰을 많이 했소. 그러면 선원들 사이에서 어머리 해변을 향해 헤엄쳐오면 살 수 있다는 말이 돌았소. 어머리 해변은 수심이 얕고 평평해서 안전하게 뭍으로 오를 수 있었다오. 그렇게 구사일생으로 목숨을 건진 난파선 선원들은 바다를 마주 보는 큰 너럭바위에 앉아 고향과 가족을 그리워하며 지냈소. 그런데 바위 속에는 천년 묵은 이무기가 갇혀 있다는 전설이 있었다오. 이무기가 바위에다 눈물을 흘려야 용이 되어 승천할 수 있다는 믿거나 말거나 하는 이야기도 있었소. 어느 날 선장이 바위에 올라 고향이 그리워 하염없이 눈물을 흘리며 울고 있었다오.

'언제나 나는 이역만리 고향에 갈 수 있을까? 중국이 여기서 얼마나 먼 거리일까? 가족들은 잘 지내고 있을까?'

선장이 한참 넋두리를 하며 가슴을 치고 울었지 않겠소. 그러자 바위가 부서지더니 용이 나와 푸른빛을 뿌리며 하늘로 올라갔다오. 너무나 순식간에 일어났던 일이었다오."

이무기의 전설을 듣던 사람들은 얼마 후에 중국 어선이 나타나 선장과 선원들을 배에 태우고 갔다는 둘째 노인의 말을 듣고 모두들 잘됐다고 함박웃음을 지었어요. 사실 선원들이 여러 날 동안 바위에 흘린 눈물이 이무기에게 전해지며 승천한 용이 신통력을 부려 중국 어부들을 돌아가게 만들었다는 전설이에요.

조선 시대 때는 임자도에 귀향 온 화가 조희룡이

"마을 사람들이 용이 승천한다고 해서 쫓아갔더니 이미 승천한 뒤여서 눈으로 보지 못한 것이 안타까웠다."

라는 설화도 전해지고 있어요. 용을 생생하게 그릴 순간을 놓쳤다고 애석해했다는 이야기이지요.

억겁의 세월이 흘러 지금에 이르러, 이 흑암리에 사는 수연이는 어머리 해변 용난굴에 대해 할아버지께 자주 들으며 자랐어요. 그럴 때마다 궁금증이 생겨났어요.

"할아버지, 정말 용이 있었어요? 지금은 어디로 갔을까요?"

할아버지는 웃으며 귀엽다는 듯이 바라보았지요.

"용은 우리 눈에는 안 보이지만 지금도 이 섬을 지키고 있단다. 우리가 사는 섬을 아끼고 동네 사람들이 서로서로 돕고 산다면 언제든 다시 깨어날 거야."

어느 날 수연이는 혼자 해변을 걷다가 용난굴 근처에서 동글동글 빛나는 조약돌을 하나 발견했어요. 조심스럽게 주워보니 따스한 기운이 느껴졌어요. 그 돌을 안고 잤더니 글쎄 그날 밤, 수연이는 신기한 꿈을 꾸었어요.

"수연아, 나는 어머리 섬을 지키는 용이란다. 너처럼 마음이 깨끗한 아이가 있어 임자도는 언제나 평화로울 거야. 네가 주운 조약돌은 언제든 용기를 낼 수 있게 도와줄 거다!"

아침에 눈을 뜬 수연이는 이상한 마음에 얼굴을 여러 번 쓰다듬다가 조약돌을 꼭 쥐고 미소 지었어요. 그리고 그날 이후로 바다도, 하늘도 유난히 푸르게 보였답니다.

지금도 임자도에는 바닷바람이 온화하게 불고 넓은 백사장과 푸른 숲이 사람들을 포근하게 감싸주고 있어요. 여전히 사람들은 바닷물이 썰물 때 쭈욱 빠지고 거대한 동굴 입구가 보이면 마음속으로 간절하게 기도하지요.

"고맙습니다. 우리를 지켜 주시는 용왕님! 덕분에 우리 마을은 풍어와 풍년을 누리며 편안하게 잘 살아갑니다."

임자도 용난굴은 전설이지만 여러 이야기 속에는 이 섬을 살아가는 사람들의 간절하고 넉넉한 마음이 담겨있답니다.

늑대를 믿지 마

이 연 수

뜨거운 여름날이었어요. 떠돌이 늑대가 숲속에 나타났어요. 늑대는 며칠을 굶고 있었지요.
"도대체 먹을 걸 찾을 수가 없군."
늑대는 어지러워 눈앞이 가물가물했어요.
"이러다 진짜 쓰러지겠는걸."
한참 숲속을 헤매던 늑대는 작은 연못을 발견했어요.
"이런 곳에 연못이 있었구나! 물이라도 실컷 마셔야지."
하지만 연못은 가뭄에 물이 쑥 줄어들어서 물 마시기 여간 힘든 게 아니었어요. 늑대는 뒷다리에 바짝 힘을 주고 목을 있는 대로 빼고는 머리를 숙였어요. 뒷다리는 힘에 부쳐 바들바들 떨렸지요.
"꿀꺽꿀꺽 꿀꺽…… 아, 이제 살겠어!"
늑대는 겨우 물을 마시고는 몸을 일으켰어요. 허리를 펴 구름이 둥둥 떠 있는 하늘을 보았지요. 순간, 그만 어찔하더니 그대로 연못으로 나가떨어졌어요. 늑대는 코로 입으로 물이 들어오니까 정신이 하나도 없었어요. 이제 꼼짝없이 죽는다고 생각하니 홀로 떠돌며 살아왔던 날들이 서러웠어요. 늑대는 버둥거리며 소리쳤어요.

"아무도 없어요? 살려주세요! 늑대 살려!"

그때 근처에 있던 아기토끼가 달려왔어요. 아기토끼는 버드나무 뒤에 숨어서 그 광경을 지켜보았어요. 그리고 늑대가 다급한 상황에 이르자 자신도 모르게 연못가로 다가왔어요.

"어쩌다 연못에 빠졌어요, 늑대 아저씨?"

그 순간 늑대는 두 눈이 휘둥그레졌어요.

"너, 너는 토끼구나!"

참 이상하지요. 아기토끼를 본 순간 늑대는 두 다리에 힘이 들어갔어요. 갑자기 뱃속에서 꼬르륵거리는 소리가 들렸어요. 늑대는 소리쳤어요.

"아가야, 나를 도와줘?"

하지만 아기토끼는 늑대를 도와줄 생각은 없었어요.

"늑대를 믿어서는 안 된다."

엄마 토끼가 하는 말을 수없이 들었거든요. 그런데 너무 궁금했어요.

"늑대 아저씨는 어쩌다 연못에 빠졌어요?"

늑대는 아기토끼가 호기심이 많다는 걸 알아챘지요.

"날 구해주면 내가 어쩌다 이렇게 되었는지 이야기를 해 주마. 정말 대단한 일이 벌어졌었지. 아가야, 어서 칡줄기를 끌어다 내게 던져다오."

아기토끼는 고개를 저었어요.

"싫어요!"

늑대는 교활했어요. 금방이라도 가라앉을 것처럼 두 팔을 마구 허우적거렸지요. 아기토끼는 마음이 약해졌어요.

'늑대를 믿지 마! 늑대를 믿지 마!'

엄마 토끼가 늑대를 구해주지 말라고 소리치는 게 들리는 듯했어요. 늑대는 울먹였어요.

"몸이 가라앉고 있어. 아, 무서워……."

아기토끼는 어쩔 줄 몰라 하며 늑대를 위로했어요.

"무섭지만 참으세요, 아저씨! 제가 옆에 있어 드릴게요."

"그래, 난 괜찮아. 하지만 깜깜한 동굴에서 아기늑대 혼자서 나를 기다리고 있을 걸 생각하니……."

"왜요? 엄마가 없어요?"

아기토끼가 바짝 달려들자 늑대는 슬픔에 가득 찬 얼굴로 말했어요.

"엄마는 호랑이가 잡아갔단다."

"아, 나는 아버지가 없어요. 울 아버지는 엄마랑 나를 지키려다가 늑대에게 잡혀갔거든요."

"저런!"

늑대는 맞장구를 쳤지만, 아기토끼가 하는 말 따위는 들리지 않았어요. 입안에 자꾸 침이 흘렀거든요. 사실은, 아기토끼를 보는 순간 늑대는 연못 바닥에 솟아있는 평평한 바위에 두 발이 닿았어요. 물이 깊지 않다는 것도 깨달았어요.

'저 토끼를 어떻게 해서든 잡아먹어야 해.'

늑대는 아기토끼를 살피며 흐느꼈어요. 마지막에는 숨을 몰아쉬며 죽어가는 시늉을 했지요. 그 모습을 보고 있자니 아기토끼는 슬퍼서 견딜 수 없었어요.

'아기늑대는 아빠가 많이 보고 싶을 거야. 지금 혼자서 울고 있을지도 몰라.'

엄마 토끼의 목소리는 들리지 않았지요.

"늑대 아저씨, 조금만 기다리세요. 칡뿌리를 구해 올게요."

아기토끼는 숲속을 향해 달려갔어요. 그 사이 늑대는 연못 밖으로 나오려고 했지만, 이끼가 잔뜩 낀 바위는 너무 미끄러웠어요. 흙들은 물러서 디딜 수조차 없었어요.

"이걸 어쩌지. 혼자서는 도저히 오를 수 없어."

늑대는 입맛을 다시며 아기토끼를 기다렸지요. 한참이 흘러도 아기토끼의 모습이 보이지 않자 마음은 초조해졌어요. 그때였어요.

"아저씨, 아저씨……."

아기토끼가 애타게 부르며 달려오고 있었어요. 아기토끼는 숨이 차서 헐떡였지만 억세고 거친 칡뿌리만은 꼭 쥐고 있었지요.

"어서 이 줄기를 잡아요!"

늑대는 막상 아기토끼가 나타나자 놀랐어요.

'저 어린 게 끝까지 나를 구해주려고 왔구나!'

아기토끼는 소리쳤어요.

"아저씨, 줄을 잡아요!"

"그래! 어서 줄을 던져."

아기토끼는 늑대가 줄을 꽉 잡자 뱅글뱅글 몸을 돌리기 시작했어요. 아기토끼의 몸이 칡뿌리에 감기면 감길수록 줄은 탄탄하게 당겨졌어요.

"더 팽팽히 줄을 당겨야 해."

"네, 아저씨! 조금만 참으세요."

아기토끼는 이제 연못 옆에 있는 버드나무 주위를 돌았어요. 늑대가 옹달샘 밖으로 한발을 들어 올리자 버드나무를 꽉 껴안고 버텼어요. 잠시 후 늑대는 칡 줄기를 잡고 연못 밖으로 기어 나올 수 있었요. 둘은 몹시 지쳐서 풀밭에 나가떨어졌어요.

아기토끼는 칡덩굴에 실타래처럼 묶인 채 숨을 헐떡였지요.

"늑대 아저씨!"

아기토끼는 숨을 몰아쉬며 말했어요.

"아저씨가 살아나서 정말 다행이에요."

"그래, 고맙구나. 너는 괜찮은 거지?"

"그럼요!"

아기토끼의 해맑은 얼굴은 아직도 늑대를 걱정하는 빛으로 가득했어요. 늑대는 그런 아기토끼를 가만히 바라보았어요.

"너는 늑대를 믿지 말란 소리를 모르니?"

"알아요!"

늑대는 아기토끼의 몸을 옭아매고 있는 칡덩굴을 풀어주며 말했어요.

"앞으로는 진짜 늑대를 믿지 마. 알았지?"

아기토끼는 고개를 끄덕였어요.

"늑대 아저씨도 다시는 물에 빠지면 안 돼요."

갑자기 늑대는 뜨끈한 게 치받치며 목이 메었어요. 늑대는 아주 어릴 때부터 혼자 떠돌며 살아왔어요. 누군가가 자신을 걱정해 주는 일은 단 한 번도 없었어요. 당연히 사랑을 받아본 적도 없었지요.

늑대는 세상에 태어나서 처음으로 가장 다정한 목소리로 말해보았어요.

"어서 엄마에게 가보렴."

늑대는 숲속을 향해 뛰어가는 아기토끼를 지켜보았어요. 그리고 새파란 하늘을 받치며 흘러가는 구름을 따라 발길을 돌렸습니다.

책상 도깨비

정 소 영

아침 일찍 학교에 온 윤지는 책상에 얼굴을 묻고 울었어요. 학교에 올 때부터 하늘나라에 가신 엄마가 보고 싶었거든요.

"야아, 또 울보 마녀 운다."

정수가 교실 문을 드르륵 열고 뛰어들어 왔어요. 정수를 대장으로 모시는 진우, 민석이도 따라 들어왔어요.

"퉤. 기분 나빠."

정수는 윤지의 책상 위에 침을 카악 카악 사정없이 뱉었어요. 윤지 책상 위에 놓인 크레파스 상자에서 빨간 크레파스를 집어 낙서를 하기 시작했어요.

"야, 민석아, 니도 마음대로 낙서해라. 진우 니는 침을 뱉어."

정수는 항상 우울한 얼굴로 혼자 있는 윤지가 만만했는지 늘 함부로 대했어요. 진우, 민석이는 그런 정수를 따라 윤지를 괴롭혔어요.

"너, 선생님한테 이르면 가만 안 둔다."

정수는 윤지를 괴롭힌 다음에는 눈을 무섭게 뜨고 윽박질렀어요. 윤지는 그럴 때마다 온몸이 쪼그라드는 무섬증을 느꼈어요.

어느새, 윤지 책상은 노랑, 빨강, 검정 크레파스로 삐죽빼죽, 삐뚤,

빼뚤, 미친 듯이 낙서가 되어있었어요. 게다가 그 위에는 허연 침이 여기저기 뱉어 있었어요.

아이들은 숨죽인 채 아무 말도 못 했어요. 힘센 정수가 무섭기 때문이에요.

그때 선생님이 들어오셨어요.

윤지와 같은 마을에 사는 민지가 얼굴이 붉으락푸르락하면서 벌떡 일어났어요.

"선생님, 애들이 윤지 책상에 침 뱉고 낙서했어요."

선생님이 깜짝 놀라 윤지를 바라보았어요. 윤지는 온몸에 소름이 돋는 무서움으로 숨도 쉴 수 없었어요. 꿈쩍도 않고 얼굴을 가리고 있었어요. 눈을 뜨는 것이 무서웠어요.

"나와. 윤지 책상에 낙서하고 침 뱉은 녀석들. 정수가 또 그랬지?"

선생님의 목소리가 뾰족한 유리 조각처럼 날카로워졌어요.

정수가 앞으로 당당하게 나갔어요. 진우와 민석이도 따라 나갔어요. 정수는 무엇이 그리 떳떳한지 히죽 웃기까지 했어요.

"왜 그랬어?"

정수는 또 히죽히죽 웃었어요.

"재미있어서……."

"뭐? 재밌다고?"

선생님은 한동안 어이없는 표정으로 물끄러미 정수를 바라보았어요.

정수는 고개를 약간 숙이고 발밑을 내려다보았어요. 다시 히죽히죽 웃으며 눈을 쳐들어 선생님을 힐끗힐끗 살폈어요. 정수의 표정이 일순간 딱딱하게 굳어졌어요. 무언가에 아프게 부딪친 것 같은 표정이었어요. 선생님의 눈가에 또르르 눈물방울이 흘러내리고 있었어요.

정수는 가슴이 덜컥 내려앉았어요. 진우와 민석이도 선생님의 눈물을 보았어요. 진우와 민석이는 딱딱하게 굳은 정수의 얼굴도 보았어요. 반 아이들 중 누군가가 소리쳤어요.

"선생님이 울고 있어!"

비록 2학년 아이들이지만 선생님 눈가에 눈물이 흐르는 것을 보는 것은 충격이었어요. 윤지도 가슴이 두근두근 뛰었어요. 선생님이 얼마나 마음이 아팠으면 저렇게 아이들 앞에서 눈물을 보일까 생각하니 울음이 터졌어요. 민지도 울었어요. 반 여자아이들도 울기 시작했어요. 교실이 울음바다가 되었어요.

"애들아, 울지 마. 선생님은 정수가, 정수가, 진우가, 민석이가 왜 저런 행동을 해야 하는지 그냥 정수가, 진우가, 민석이가 가여워서 운단다. 다아 선생님 탓인 것 같아서."

정수는 선생님이 자기를 가여워해서 운다는 말이 이해가 안 되었어요. 참 별난 선생님도 있네. 이상한 선생님, 나한테 화를 내면 냈지, 왜 내가 가여운 거야.

정수는 선생님과 아이들이 우는 모습이 연극이나 애니메이션의 한 장면 같았어요. 그래선지 오히려 우스워서 자기도 모르게 히죽히죽 웃기만 했어요. 진우, 민석이는 힐끔힐끔 정수의 눈치를 살피면서 뭔가 크게 잘못했다는 생각을 하는지 얼굴이 파랗게 변해갔어요.

선생님은 정수에게 아주 낮은 목소리로 말했어요.

"가서 전부 닦아."

그 목소리가 얼마나 슬펐는지 윤지와 아이들은 다시 울기 시작했어요.

정수와 진우, 민석이는 교실 뒤쪽에 있는 물티슈와 화장지를 가져왔어요. 윤지의 책상을 닦았어요.

정수는 크레파스 칠을 한 책상을 건성으로 닦으면서 또 히죽 웃었어요. 민지가 울다가 그 모습을 보고 화가 나서 소리쳤어요.

"선생님, 정수 웃어요."

윤지는 그 말을 듣고 더 크게 소리 내어 울었어요. 정수가 무서웠어요.

"정수랑 진우, 민석이는 남아서 반성문 쓰고 가."

선생님은 얼굴에 조금도 반성한 빛이 없는 정수를 보고 화를 참을 수 없다는 표정으로 말했어요.

"도깨비한테 잡혀가야 정신을 차릴 이 악동들!"

"윤지야!"

공부가 끝나고 방과 후 교실에 마악 가려던 윤지를 선생님이 불렀어요. 윤지는 선생님 앞에 서서 멀뚱멀뚱 아무 일도 없는 것처럼 창밖을 바라보았어요. 창밖에서 키 큰 초록색 나무 한 그루가 교실 안을 기우뚱 엿보고 있어요.

"윤지야, 정수랑 그 패거리들이 너를 지금까지 계속 괴롭히지?"

윤지는 아무런 대답도 하지 않았어요. 선생님께 이르면 가만 안 둔다는 정수의 부라린 눈빛이 떠올랐어요.

"윤지야, 선생님이 지켜줄게. 힘내. 엄마는 하늘나라에서 널 항상 지켜보고 있어. 너에겐 사랑하는 할머니랑 아빠가 있지 않니?"

윤지는 또 훌쩍훌쩍 울었어요. 엄마 이야길 하면 울음을 참을 수가 없어요. 엄마는 유방암에 걸려 항암치료를 받다가 석 달 전에 하늘나라로 가셨어요. 아이들은 윤지 엄마가 돌아가신 줄 몰라요. 선생님만 할머니가 이야기하셔서 알고 계셨어요. 선생님도 철저하게 비밀을 지켜주셨어요.

선생님이 윤지를 꼬옥 안아주셨어요.

방과 후 교실이 끝났어요. 윤지는 집으로 곧장 가지 않고 엄마랑 자주 놀러 갔던 당산나무 아래 정자에 갔어요. 여름이면 늘 엄마하고 시원한 정자에 와서 놀았던 곳이라 윤지는 당산나무와 정자를 무척 좋아했어요. 윤지가 당산나무를 특별히 좋아하는 제일 큰 이유는 당산나무에 산다는 도깨비 이야기를 엄마가 해줬기 때문이에요.

엄마는 윤지에게 말했어요.

"이 당산나무에는 나무 도깨비가 산다고 옛날부터 전해져 내려온단다. 나쁜 마음을 먹고 나쁜 짓을 하는 사람들을 도깨비방망이로 혼을 내주는 나무 도깨비가 산단다. 나무 도깨비는 마법에 능통해서 변신도 잘하지."

"어떻게 변신해요?"

"우리 윤지 책가방으로 들어가서 책가방 도깨비도 되고, 장독대에 있는 항아리에 들어가서 항아리 도깨비도 되고, 빗자루 도깨비도 되고, 자전거 도깨비도 되고. 옛날부터 이 마을 사람들은 아이들이 말을 잘 안 듣고 나쁜 짓을 하면 당산나무 나무 도깨비가 혼내주러 온다고 겁을 주기도 했어."

윤지는 엄마가 했던 말을 생각하며 오늘 선생님이 한 말이 이해가 갔어요.

선생님의 말씀이 다시 들려왔어요.

"도깨비한테 잡혀가야 정신을 차릴 이 악동들아."

윤지는 당산나무를 우러러보았어요.

"당산나무 할아버지, 오늘도 정수가 날 괴롭혔어요. 내 책상에 침을 뱉고 낙서를 했어요. 도깨비가 나타나 정수를 혼내 줬으면 좋겠어요."

400년이 넘은 당산나무는 우람한 나무둥치를 세 갈래로 펼치고 있어요. 6월의 시원한 바람이 불어와 당산나무 이파리를 흔들었어요. 금방이라도 나무 도깨비가 나타날 것 같았어요. 금방이, 은방망이를 두드리는 소리가 들리는 것 같았어요.

윤지는 할머니에게도 아빠에게도 오늘 학교에서 있었던 일을 이야기하지 않았어요. 정수의 무서운 독수리 눈이 생각나서 말을 할 수가 없었어요. 당산나무 할아버지한테 일러바친 것으로 어느 정도 억울한 마음은 가라앉았어요. 하지만 학교 가기가 싫었어요. 아팠으면 좋겠다고 생각하며 윤지는 잠이 들었어요.

윤지는 학교 가는 길 당산나무에 들렀어요. 아침 햇살이 당산나무 가지마다 금빛 구슬을 매달았어요. 당산나무 우람한 가지 사이로 해님이 방긋 웃는 하늘이 보였어요.

"엄마, 보고 싶어. 엄마는 지금 하늘나라에서 누구랑 살아? 정수 걔네들이 내가 엄마가 없는 것을 알고 괴롭히는지도 몰라. 내가 기분 나쁜 마녀래."

윤지는 눈물을 닦으면서 학교로 갔어요. 교실에 들어선 윤지는 깜짝 놀랐어요. 아이들이 정수 책상과 진우, 민석이 책상에 몰려 있었어요.

"누구야? 우리 책상에 낙서를 하고 침을 뱉은 놈들이."

"설마, 윤지 네가."

윤지는 얼굴이 파랗게 질렸어요.

"난 아니야."

"그럼 누구야?"

정수가 아이들을 휘 둘러 보았어요. 금방이라도 한 대 휘갈겨 내려칠 것 같은 자세로 서 있었어요.

그때, 아이들이 소리쳤어요.

"우와, 연기다. 소화기가 터졌나 봐."

"어디서 불이 났나 봐."

정수 책상이었어요. 펑 터지는 소리와 함께 희뿌연 연기가 피어올라 교실을 가득 채웠어요. 한참 후 연기가 서서히 걷히자 아이들은 소리쳤어요.

"우와, 도깨비다."

키가 6학년 형들만큼 크고 몸집이 오랑우탄처럼 탄탄한 도깨비가 책상 위에 서 있었어요. 머리에는 아기 나무 두 그루를 심어놓은 것 같은 뿔이 있었어요. 초록색 긴 조끼를 옆으로 걸친 가슴이 황소처럼 튼튼했어요.

"내가 그랬다."

정수는 믿어지지 않았어요. 요즘 세상에 도깨비가 있다니. 게다가 책상 속에서 나와 낙서를 하고 침을 뱉었다니 정말 꿈을 꾸고 있는 것 같았어요.

"난 당산나무 나무 도깨비 할아버지가 보낸 책상 도깨비다."

"뭐? 책상도깨비?"

정수와 진우, 민석이는 얼굴이 새파랗게 질려 창가 쪽으로 비칠비칠 도망갔어요.

윤지는 책상도깨비가 나타난 것이 믿어지지 않았어요. 살을 꼬옥 꼬집어보고 싶을 만큼 믿어지지 않았어요. 환상의 세계로 여행을 온 것 같았어요.

"정수, 진우, 민석이 듣거라. 너희들 이 도깨비방망이로 혼나지 않으려면 지금부터 계속 자기 책상 위에다 낙서를 하고 침을 뱉어라. 내가 그만 할 때까지."

정수와 진우, 민석이는 벌벌 떨면서 자기들 책상 위에 낙서를 하고 그 위에 침을 뱉기 시작했어요.

"퉤, 퉤, 퉤……."

아이들은 숨소리도 내지 못했어요. 침 뱉는 소리만 교실 가득 날아다녔어요.

정수가 온통 침으로 덮인 자기 책상을 보다가 무릎을 꿇고 울먹이며 말했어요.

"책상 도깨비님, 잘못했어요. 다신 그러지 않겠어요."

진우와 민석이도 울먹이며 말했어요.

"책상 도깨비님, 다신 윤지를 괴롭히지 않겠어요."

책상 도깨비는 도깨비방망이로 정수와 진우, 민석이의 침투성이인 책상을 가리켰어요.

"네 책상이 소중한 것처럼 윤지 책상도 소중하고 너의 마음이 아픈 것처럼 윤지 마음도 아프다는 것을 이제 알았느냐?"

정수와 진우, 민석이의 두 눈에서 눈물이 주르르 흘러내렸어요.

"이제 너희들이 한 낙서랑 뱉은 침을 전부 닦아라."

"이걸 닦아요?"

"너희들이 했으니 당연히 닦아야지."

정수와 진우, 민석이는 낙서랑 침을 휴지로 박박 문질러 닦기 시작했어요.

책상도깨비는 도깨비방망이를 세 번 두드리며 주문을 외웠어요.

"수리수리마수리, 가엾다, 가엾다, 나의 아이들, 남의 아픔을 내 아픔으로 느낄 수 없는 이 가여운 아이들의 가슴에 사랑의 나무가 쑤욱 쑥 자라도록 하여라. 수리수리마수리."

도깨비방망이에서 오색 영롱한 빛이 쏟아졌어요. 그 빛이 2학년 2반 교실에 앉아있는 아이들의 눈빛 속으로 살며시 스며들었어요. 정수와 진우, 민석이는 도깨비방망이에서 쏟아진 눈 부신 빛이 가슴에 가득 차서 무언가 쑤욱쑥 자라는 것을 느꼈어요.

정수는 책상에 범벅이 된 침과 낙서를 조금 전에 건성으로 닦았던 것과 달리 정성을 다해 닦았어요.

"다 닦았어요."

정수가 고개를 두리번거리며 책상도깨비를 찾았어요. 책상도깨비는 보이지 않았어요. 윤지도 두 눈을 비빌 정도로 책상도깨비가 정말 나타났는지 실감이 나지 않았어요.

정수가 윤지를 슬쩍 바라보았어요. '미안해.' 하고 말하고 싶은 눈빛이었어요. 윤지는 왠지 모르게 가슴이 뜨거워졌어요. 선생님의 눈물이 떠올랐어요. 정수, 진우, 민석이가 가여워서 운다는 선생님의 눈물을 생각하자 더 눈물이 나왔어요. 엄마가 보고 싶었어요. 엄마 품에 안기고 싶었어요. 엄마는 정수, 진우, 민석이까지 따뜻하게 안아줄 것 같았어요.

정수가 고개를 푹 숙이더니 두 손으로 얼굴을 가리고 펑펑 울었어요. 진우, 민석이도 울었어요.

문이 열리고 선생님이 들어오셨어요.

"선생님, 도깨비가 정말 나타났어요. 책상도깨비가요. 우리들이 가엽다고 했어요."

민지가 기다렸다는 듯이 말했어요.

"애들이 아침부터 엉뚱한 말을 하네."

선생님은 믿지 않았어요.

윤지는 자리에 앉아 가만히 책상을 쓰다듬었어요. 책상도깨비가 책상 속에서 윤지를 바라보며 방그레 웃고 있었어요.

할아버지 부처님

정 혜 진

묘연 스님이 절 마당을 천천히 걷고 있었습니다. 그 뒤를 슬기가 따라 걷습니다. 여섯 살 슬기는 스님을 그림자처럼 따라다닙니다.
"그만 들어가자."
스님은 법당을 향해 걸음을 옮깁니다. 슬기는 스님 손을 놓지 않고 따라 들어갑니다.
"이리 와서 앉아라."
스님이 옆자리에 방석을 놓아주었습니다.
슬기는 스님 옆에 앉아 눈을 감고 두 손을 모았습니다. 그러나 금방 꾸벅꾸벅 졸기 시작합니다.
"잠이 오는구나. 조금만 자고 일어나거라."
슬기는 스님 무릎에 머리를 묻었습니다.
"엄마, 보고 싶어. 엄마, 보고 싶어."
슬기가 잠꼬대를 합니다.
'어린 것이 엄마가 보고 싶구나.'
스님이 슬기를 다독거립니다.
"엄마한테 갈 거야. 엄마한테… 우리 엄마한테…"

슬기는 몸을 흔들며 중얼거립니다. 누구와 이야기를 하는 것 같습니다.
"위험하지 않아요. 따라간다고요. 부처님, 부처님, 같이 가요."
슬기가 손을 저으며 앙앙 울어댑니다.
"그만 일어나거라. 저녁 공양 시간이다."
잠에서 깨어난 슬기가 두리번두리번 주변을 살핍니다.
"부처님 여기 있네. 아까는 없어졌는데…"
슬기가 법당에 있는 부처님을 쳐다봅니다. 엄마 찾으러 갈 때 사라졌는데 그 자리에 있는 것이 이상합니다.
스님이 슬기 손을 잡고 밖으로 나왔습니다.
"할아버지, 우리 엄마 언제 와요?
슬기가 흐느끼는 소리를 내며 물었습니다."
"조금만 기다려보자."
슬기 모습을 본 스님 마음도 아래로 착 가라앉았습니다.

슬기 엄마는 공양간에서 일하는 보살입니다. 그런데 어느 날 갑자기 사라졌습니다.
"묘연 스님, 우리 슬기 부탁합니다. 꼭 다시 오겠습니다."
엄마는 편지 한 장만 달랑 남겨 놓고 절집을 떠났습니다.
편지를 본 스님은 황당했습니다. 슬기가 스님을 할아버지라고 부르며 잘 따른 것도 이상합니다. 처음부터 슬기를 떼어놓으려고 엄마가 계획을 세운 것이 아닌가 의문이 들었습니다. 슬기는 할아버지만 따릅니다. 할아버지가 세상에서 제일 좋다고 말합니다. 밥도 같이 먹고, 잠도 같이 잡니다. 이런 슬기를 보고 엄마는 안심하고 떠난 것 같습니다.

"할아버지, 우리 엄마 어디 갔어요?"
스님은 슬기가 자꾸 묻는 말에 어떻게 대답할까 걱정입니다.
"고향 집에 다녀온다고 그랬단다."
며칠이 지나도 엄마는 돌아오지 않았습니다. 슬기는 기운이 쭉 빠졌습니다. 부처님을 따라 엄마한테 가는 꿈을 자주 꿉니다.

1년이 훌쩍 지났습니다. 슬기도 이제 학교에 가야 할 나이입니다. 엄마가 있어야 학교에 데리고 갈 텐데 엄마는 아직 오지 않았습니다.
봄이 찾아오려고 하는 2월 26일 아침이었습니다. 잠에서 깨어난 슬기가 할아버지를 깨웠습니다.
"할아버지, 엄마가 온대요. 엄마가요. 부처님이 말해 줬어요."
슬기는 절 마당으로 나가 방방 뛰어다녔습니다. 그 모습이 너무 짠해서 스님은 가만히 바라봅니다.
점심때가 지난 오후였습니다. 갑자기 승용차 한 대가 절집 앞에 나타났습니다. 슬기 눈이 휘둥그레졌습니다. 쪼르르 차가 세워져 있는 곳으로 달려갔습니다. 바로 그때 차 문이 열리고 여자분이 내렸습니다.
"엄마다! 우리 엄마!"
슬기가 놀란 목소리로 외쳤습니다.
"우리 슬기, 내 아들."
차에서 내린 엄마가 슬기를 와락 가슴에 품었습니다.
"미안해, 엄마가 미안해, 우리 아들, 엄마가 미안해 너무 미안해."
엄마는 슬기를 보듬고 소리 없이 울었습니다.
한참 후 엄마는 슬기 손을 잡고 스님 앞으로 갔습니다.
"스님, 죄송합니다. 그리고 고맙습니다. 부처님 마음으로 우리 슬기를 돌봐주셔서 감사합니다. 묘연 스님은 살아있는 부처입니다."

엄마는 스님 앞에 무릎을 꿇고 머리가 땅에 닿도록 고개를 숙였습니다.

"사연 없는 사람이 어디 있겠소. 말 못 할 사연이 있는 것 같은데 돌아왔으니 다행이오."

스님이 엄마를 안심시켰습니다.

"그런데 왜 갑자기 이곳을 떠난 것이요?"

스님이 궁금하게 물었습니다.

"저를 찾는 전화를 받았습니다. 아버지가 위독하니 빨리 오라고요. 아버지란 말에 너무 놀라서 정신없이 달려갔지요."

엄마 말을 들은 스님은 더욱 궁금해졌습니다. 가만히 엄마를 쳐다보며 다음 말을 기다렸습니다.

"저는 다섯 살 때 나쁜 아저씨한테 속아서 유괴되었습니다. 그 사람은 저를 보육원에 버렸습니다. 저는 곧 미국으로 입양을 갔지요. 20년이 지난 뒤 슬기 아빠를 만나 결혼을 하고 슬기도 낳았어요. 슬기가 네 살 되었을 때 우리는 한국으로 왔습니다. 한국 실정을 잘 모른 슬기 아빠는 사업을 하다 잘못되어 빚을 많이 졌습니다. 어려움을 겪는 중에 뇌졸중으로 쓰러졌습니다. 병원에서 고생하던 슬기 아빠는 한 달도 못 버티고 하늘나라로 갔습니다."

엄마 말을 듣고 있던 스님은 너무 놀라 표정이 어두워졌습니다. 잠시 숨을 고른 엄마는 다음 말을 이어갔습니다.

"저는 빚쟁이들에게 시달리다 못해 이곳으로 숨어들어왔습니다. 누구에게도 들키지 않고 숨어지냈는데 갑자기 전화가 온 것입니다."

스님은 엄마가 어떻게 여기 있는 줄 알고 연락을 했는지 물었습니다.

"처음에는 속은 것이 아닌가 의심이 되었습니다. 그렇지만 혹시 진짜 아버지를 만날 수 있을까 싶어서 떨리는 마음으로 주소지를 찾아갔습니다."

"그래서 아버지를 만났소?"

엄마는 또 잠시 생각에 잠겼습니다,

"우리 아버지가 맞았습니다. 부모님은 저를 찾아 전국을 돌아다녔지만 미국으로 입양을 갔기 때문에 찾을 수 없었습니다. 그러나 포기하지 않고 30년이 지난 지금까지 저를 찾고 있었습니다. 특별 탐정이 제가 여기 있는 것을 알아냈답니다."

"아버지는 정말 건강이 안 좋았던 거요?"

엄마는 부모님을 생각하며 눈물을 흘렸습니다. 마음이 너무 아프다고 그랬습니다.

"우리 엄마는 저를 찾아다니다가 교통사고로 돌아가셨다고 합니다. 아버지는 암으로 투병 중이셨는데 죽기 전에 딸을 찾아서 소원을 풀었다고 하셨습니다."

엄마는 아버지를 정성껏 간호했지만 한 달 전에 세상을 떠났다고 합니다.

"가족은 저밖에 없어서 아버지는 저에게 회사를 상속하셨습니다. 그러나 저는 회사를 경영할 능력도 없고 하고 싶지도 않았습니다, 그래서 아버지가 상속해 준 재산을 모두 정리하고 이곳으로 온 것입니다."

엄마 이야기를 다 듣고 난 스님이 또 물었습니다.

"앞으로 어떻게 할 생각이요?"

엄마는 계획을 다 세워 놓았다고 합니다. 스님이 계신 이곳에 「어린이 자람 집」을 만들고 싶으니 꼭 허락해 주시라고 간청했습니다.

"「어린이 자람 집」을 만든다 그랬소?"

스님은 믿을 수 없다는 표정을 지었습니다.

"예, 허락만 해 주시면 보람 있는 일을 하겠습니다. 법률변호사에게 맡겨서 진행하겠습니다."

스님은 한참 동안 말이 없었습니다.

"스님은 할아버지 부처님입니다. 우리 슬기가 법당에 계신 부처님과 할아버지 부처님은 똑같다고 그랬습니다."

"어린아이 말을 믿는 것이요?"

엄마는 스님에게 소원 좀 들어주라고 부탁했습니다.

"어린아이는 거짓이 없습니다. 전에 스님께서 말씀하셨지요? 모든 사람 마음속에는 부처님이 될 수 있는 불성이 있다고요. 스님은 자비와 선행을 실천하신 살아있는 부처님입니다. 우리 슬기한테 하신 것처럼 스님의 가르침으로 어린이들의 불성을 깨우쳐 주면 천진난만한 동심이 선량하게 자라나서 얼마나 아름다운 인성이 길러지겠습니까?"

한참 동안 침묵이 흘렀습니다. 마침내 스님은 고개를 끄덕거렸습니다.

"우리 할아버지 부처님 최고!"

슬기가 좋아서 손뼉을 쳤습니다. 「어린이 자람 집」이 생기면 친구들도 많아질 것입니다. 엄마도 스님에게 거듭거듭 감사하다고 인사를 했습니다.

"법당으로 가서 부처님께 말씀드립시다."

스님이 앞장서서 걸었습니다. 슬기와 엄마도 법당에 앉아 두 손을 모았습니다.

"엄마, 두 부처님 모습이 똑같아요."

슬기가 법당부처님과 할아버지를 번갈아 보며 좋아했습니다.

"우리 슬기 말이 맞다. 법당부처님은 마음으로 가르침을 주시고, 할아버지 부처님은 바르고 착한 행동으로 가르침을 주신 움직이는 부처님이지."

엄마가 환하게 웃으며 말했습니다.

두 부처님 미소가 법당 가득 번졌습니다.

꼬마 해녀 미나와 독도의 친구들

최 현 숙

옛날 옛적, 푸른 동해 바다에 떠 있는 아름다운 섬, 독도에 미나라는 꼬마 해녀가 살았어요. 미나는 독도에서 태어나 독도 바다를 놀이터 삼아 자랐지요. 미나는 여느 해녀들과 달리 잠수 장비 없이도 물속에서 자유롭게 헤엄쳤고, 심지어 물고기들과 대화할 수 있는 신비한 능력을 가지고 있었어요. 미나의 단짝은 꼬리 끝이 무지갯빛으로 빛나는 강치랑, 커다란 날개로 독도 하늘을 날아다니는 괭이갈매기, 날개였어요.

어느 화창한 아침, 미나는 강치랑 날개와 함께 독도 앞바다를 탐험하고 있었어요. 그날따라 바다가 유난히 조용하고 쓸쓸해 보였지요. 미나는 강치에게 속삭였어요.

"강치야, 오늘따라 바다가 왜 이렇게 조용하지? 우리 친구들이 다 어디 갔을까?"

강치는 슬픈 소리를 내며 고개를 저었어요.

"글쎄, 미나야. 며칠 전부터 바다가 이상해졌어. 해조류 친구들도 시들시들해지고, 물고기들도 힘이 없어 보여."

날개가 다가와 말했어요.

"맞아. 얼마 전부터 저기 육지에서 이상한 물질들이 흘러들어 와서 그래. 바다가 아파하고 있단다."

미나는 깜짝 놀라 주변을 둘러보았어요. 강치의 말대로 바닷속은 예전처럼 활기차지 않았어요. 아름답던 산호들은 색이 바래고, 해초들은 힘없이 흐느적거렸지요. 미나는 가슴이 아팠어요. 자신의 놀이터이자 친구들의 집인 독도 바다가 병들어가는 모습을 도저히 볼 수 없었죠.

그날 밤, 미나는 잠 못 이루고 독도 선착장에 앉아 밤바다를 바라보았어요. 그때, 독도 바다를 수호하는 신령, 용왕님이 미나 앞에 나타났어요. 용왕님은 인자한 모습으로 미나에게 말했어요.

"미나야, 독도 바다가 아파하고 있구나. 네가 그 아픔을 치유해 줄 수 있단다."

미나는 깜짝 놀라 물었어요.

"제가요? 어떻게 하면 되나요?"

용왕님은 미나에게 신비한 진주 한 알을 건네주었어요.

"이것은 정화의 진주다. 이 진주는 순수한 마음을 가진 아이가 독도의 자연을 사랑하는 마음을 담아 노래하면 빛을 내며 오염된 바다를 정화할 수 있지. 하지만 혼자서는 안 된단다. 육지에서 온 친구들의 도움이 필요해."

다음 날 아침, 미나는 용왕님께 받은 정화의 진주를 소중히 품에 안고 괭이갈매기의 등에 올라탔어요. 강치는 꼬리 끝 무지갯빛으로 길을 안내하며 독도 주변을 맴돌았지요. 그들은 육지에서 독도를 찾아온 어린이들을 만나기로 했어요.

독도에 도착한 관광객들 틈에서 미나는 혼자 쭈뼛거리고 있는 한 아이를 발견했어요. 그 아이의 이름은 지원이었어요. 지원이는 도시에서 온 아이였는데, 자연에 대해 잘 알지 못했어요. 미나는 용기를 내어 지원에게 다가갔어요.

"안녕, 나는 독도에 사는 미나라고 해. 너는 누구니?"

지원은 낯선 미나의 모습에 조금 놀랐지만 이내 활짝 웃으며 대답했어요.

"안녕, 나는 지원이야. 서울에서 왔어."

미나는 지원에게 독도 바다가 아파하고 있는 이야기를 들려주었어요. 그리고 용왕님께 받은 정화의 진주를 보여주었죠. 지원은 진주의 신비로운 빛에 매료되었어요. 미나와 지원은 금세 친해졌고, 함께 바닷가로 내려가 다른 어린이들에게도 도움을 청하기로 했어요.

"얘들아! 우리 독도 바다를 함께 지켜줄래? 바다가 아파하고 있어!"

미나와 지원의 이야기에 다른 아이들도 귀를 기울였어요. 아이들은 독도의 아름다운 풍경에 감탄하면서도, 병들어가는 바다의 모습에 안타까움을 느꼈어요. 미나와 지원은 아이들을 독도 바다의 친구로 만들기로 했어요.

아이들은 저마다 독도의 자연을 관찰하기 시작했어요. 한 아이는 독도 바위에 앉아 갈매기들의 모습을 스케치했고, 또 다른 아이는 해변에 널린 조약돌들을 주워 작은 탑을 쌓았어요. 미나와 지원은 아이들에게 독도의 바다 생물 친구들을 소개해주었어요. 아이들은 태어나서 처음 보는 신기한 물고기들과 바다 식물들을 보며 환호성을 질렀어요.

이제 아이들은 모두 한마음이 되었어요. 그들은 미나를 따라 바닷가에 모여 앉아 미나가 부르는 '독도의 노래'를 따라 불렀어요. 미나는 아름다운 목소리로 노래했어요.

"푸른 바다 친구들, 독도의 보물들아,
힘내라 힘내라, 다시 살아나렴.
이젠, 우리가 지켜줄게,
독도는 우리의 친구!"

아이들은 미나의 노랫소리에 자신들의 순수한 마음을 담아 함께 노래했어요.

"파도가 들려주는 노래, 괭이갈매기의 울음,
빛나라 빛나라, 영원히 빛나렴
이젠, 우리가 가꿔줄게
독도는 우리의 집."

아이들의 맑고 순수한 노랫소리가 울려 퍼지자, 미나가 들고 있던 정화의 진주가 밝게 빛나기 시작했어요.

진주에서 뿜어져 나온 빛은 점점 더 커져서 푸른빛 물결이 되어 바다를 감싸 안았어요. 그 빛이 닿는 곳마다 오염되었던 바닷물이 깨끗하게 정화되었어요. 시들했던 해조류는 다시 파릇파릇한 생기를 되찾았고, 힘이 없던 물고기들은 펄쩍펄쩍 활기차게 헤엄치기 시작했어요. 강치의 꼬리는 더욱 선명한 무지갯빛으로 빛났고, 괭이갈매기의 큰 날개는 반짝반짝 윤이 났어요.

바다는 다시 예전처럼 활기찬 웃음소리로 가득 찼어요. 아이들은 자신들의 노랫소리가 독도 바다를 치유했다는 사실에 기뻐하며 서로를 얼싸안았어요.

지원은 미나에게 약속했어요.

"미나야, 나 이제 알 것 같아. 자연은 우리 모두의 소중한 친구라는 걸. 이제부터는 자연을 아끼고 사랑하는 마음을 잊지 않을게."

미나는 활짝 웃으며 지원의 손을 잡았어요.

"응, 고마워 지원아. 그리고 너희 모두 고마워. 너희 덕분에 독도가 다시 아름다운 모습을 되찾았어."

그날 이후로 독도에는 전보다 더 많은 어린이가 찾아왔어요. 미나는 독도를 찾아오는 어린이들에게 독도의 아름다움을 보여주고, 자연의 소중함을 알려주는 독도 바다의 수호자가 되었답니다.

탈 인형극

곽영석

선녀바위와 장자 못

곽영석 극본

나오는 인물들

권 진사(장지 골의 장자)　　**학암대사**(회암사 큰스님)
며느리(권 진사의 며느리)　　**돌 쇠**(권 진사 집 상머슴)
망 치(권 진사 집 하인)　　　**삼월이**(며느리의 몸종)
거지①~③

때 어느 해 가을
곳 장지 골 권 진사의 집

무대 이 연극은 ① 마을 앞 느티나무 거리 ② 권 진사의 집 마당 ③ 천마산 오르막길로 구분되어 진행된다. 주 무대는 권 진사의 집 마당이다.

막(幕)이 밝아지면-, 멀고 가까이 개 짖는 소리와 양철통 깨지는 소리와 함께 거지들이 쫓기듯 달려들어 온다.

권진사　(소리만)이놈들, 거기 서질 못하겠느냐? 여기가 뉘 집이라고 동냥질이야? 소나 닭에게 줄 곡식 한 줌도 아깝거늘 일없이 밥이나 축내는 놈들에게 누가 밥 한술 줄 줄 알고 찾아와? 엉? (거지들 우르르 쫓겨 들어온다.)

	돌쇠야, 망치야. 저기 저, 저놈들을 붙잡아 사정없이 두들겨 패라.
망치·돌쇠	(소리만) 예.
권진사	(소리만) 언감생심 이 집이 어디라고 동냥질을 하러 찾아와 응? 또 찾아오면 다리몽둥이를 분질러 버릴 줄 알아라! 이놈들!
거지②	칫, 동냥은 못 할망정 왜 사람을 개 잡듯 패는 거야?
거지③	구두쇠도 저런 구두쇠가 없지.(머리를 만지며) 아이 아파! 아…
학암대사	(거지들이 쫓겨 오는 것을 보다가) 에이, 저런, 저런. 사람 인심이 이래서야 곳간에서는 쌀과 보리가 썩어나가고 있는데, 밥 한 그릇 적선은 하지 못하고 거지 아이들 쪽박을 깨서 보내다니?
거지①	(거지③에게)너 머리를 돌로 맞았지?
거지③	나무토막이었어.
거지①	동냥은 못 줄망정 몽둥이질이라니? 정말 너무 해!
거지③	(스님을 보고) 스님, 어서 피하셔요. 이 길로 가시다가는 몰매를 맞사옵니다.
학암대사	몰매를 맞아?
거지②	예. 거지랑 스님들만 보면 사정없이 몽둥이질을 하거든요.
학암대사	그런데도 너희들은 왜 이 마을을 떠나지 못하고 다리 밑에 사느냐?
거지①	스님, 마을 사람들이나 권 진사 집 식구들은 권 진사처럼 포악하지 않거든요.
학암대사	뭐?
거지③	예. 며느리 곱단 아씨는 진사님 몰래 우리에게 먹을 것과 입

	을 옷을 나눠주기 때문에 머리가 터지도록 맞더라도 그냥 참고 지냅니다요.
거지③	굶는 것보다 맞고 얻어먹는 게 그래도….
학암대사	뭐라? 맞고 얻어먹어?
거지②	배고픔은 견딜 수가 없거든요. 스님, 한 발이 들던 해에는 열흘을 굶었던 적이 있습니다요.
학암대사	이 마을은 장자 못의 넘치는 물로 농사를 짓기 때문에 한발로 고생하던 해는 없지 않았느냐?
거지①	물이 넘치면 뭐합니까요.
학암대사	뭐?
거지①	물이 개울로 흘러가더라도 절대 물을 나눠 쓰는 일이 없습니다. 이웃 논에 심은 모가 타 죽더라도 절대 넘치는 물을 터주는 일이 없다니까요.
학암대사	허허, 욕심이 지나치면 하늘도 용서치 않는다고 하였거늘 어찌 그런 욕심쟁이가 배부르고 등 따시게 산단 말이냐?
거지②	스님, 시장하시면 우리가 사는 움막에 가시어서 쉰밥이라도 좀 드시고 가셔요.
학암대사	아니다. 나는 산중 스님들의 이야기를 듣고, 권 진사의 됨됨이를 살피러 왔으니 내 걱정은 말고 어서 내려가 식사를 하여라.
거지①	스님, 오늘도 곱단 아씨가 찾아올 것입니다.
학암대사	곱단 아씨? 아 그 권 진사 며느리라고 했지?
거지①	예예. 사람 차별하지 않고 인정을 베푸는 이는 곱단 아씨밖에 없습니다.
거지②	그래 맞아.

거지③   스님, 우리가 맞고 온 날은 곱단 아씨가 은밀히 찾아와서 약도 주고, 먹을 것을 주고 간답니다.
거지들   예 그렇습니다.
학암대사 (혼잣말) 흠, 탁발하는 스님들에게 듣던 대로구나.
거지①   노장 스님, 봉변을 당하시지 말고 (가리키며) 저쪽 느티나무 뒷길로 돌아서 가셔요.
학암대사 (머리를 끄덕이며) 내 걱정은 말고 너희들은 어서 움막에 가서 터진 머리나 치료하여라.
거지들   예.

* 거지들, 다리 밑으로 내려간다. 불안한 음악이 흐르며 잠시 무대의 불이 꺼진다. 잠시 사이 - 무대가 다시 밝아지면, 권 진사의 집 마당이다.

권 진사의 집 마당

팔작지붕 아래의 권 진사 마당. 머슴들과 하인들이 마당을 쓸거나 절구질을 하고 있다. 권 진사가 삽 위에 소똥을 담아 들고 들어온다.

권진사 (한껏 위엄 있는 목소리로) 망치야, 망치야!
망치   (구르듯 달려오며) 예, 주인마님 부르셨사옵니까?
권진사 허허, 이놈, 너는 무엇을 하고 있었기에 행동이 늘 이리 굼뜨냐?
망치   예, 뒷마당에서 장작을 패고 있었사옵니다.
권진사 (삽을 망치에게 주며) 이거 거름 탕에 던져두어라.
망치   이게 무엇입니까요.
권진사 보면 모르겠느냐? 소똥 아니냐?

망치   (놀라) 예? 웬 소똥을?
권진사   이놈 이거? 주인어른이 새벽마다 동네 길거리에 떨어진 개똥이나 소똥을 모으는 것을 알면서 웬 소똥이냐고? (버럭) 이놈아, 거름 한 삽이면 보리가 두 됫박이야. 소똥이 아니라 개똥에 말똥까지 주워 모아야 곡식 한 줌을 더 얻는단 말이다.
망치   헤헤헤.
권진사   우리 집 종놈들은 하나같이 아끼고 모을 줄을 모르니. 쯔쯧-. (문득) 참, 돌쇠가 안 보이는구나. 이놈이 어디 숨어서 늦잠을 자는 게 아니냐?
망치   아닙니다. 좀 전에 감자밭을 갈고 외양간에 소를 매어두려고 들어갔습니다.
돌쇠   (수건으로 몸을 털며 나온다) 진사 어른, 돌아오셨습니까?
권진사   그래. 감자밭은 다 갈았고?
돌쇠   예. 그런데 밭에서 보니까 노장 스님이 마을로 들어오시는 거 같던데 우리 집에는 안 오셨습니까?
권진사   (화가 나서) 뭐? 안 오셨습니까? 이놈 말하는 꼬락서니를 보아하니 내가 없으면 칙사 대접이라도 할 모양이로구나. 응?
돌쇠   (나직이) 진사 어른, 그분이 회암사의 학암 대사랍니다. 그 덕 높으신 큰스님이 우리 마을에 오셨다는 것은 분명 사연이 있을 것이 틀림없습니다.
권진사   허허 사연은 무슨 사연, 혹여 내 집에 찾아와 목탁 소리라도 내면 날름 모가지를 움켜잡아 꿇어 앉히고 매타작을 할 것이니 두고 보아라.
돌쇠   (놀라서) 예? 진사 어른, 절대, 절대 그러지 마십시오. 천벌을 받사옵니다. 그 스님은 도력이 출중하시니 절대 해코지를

권진사	해서는 안 되옵니다. 큰 봉변을 당하신다니까요.
권진사	허허 이놈, 겁을 단단히 먹었구나. 그 늙은 중이 도사라도 된단 말이냐?
돌쇠	진사 어른, 도사보다도 더한 공력으로 이미 나라 안의 벼슬아치들도 모두 우러러 뵈는 큰스님이라고 들었습니요.
권진사	그래?
망치	사실이옵니다
권진사	허, 이놈이, 늙은 중놈 하나 마을에 찾아온 걸 가지고 수선을 떠니 내가 직접 한 번 봐야 하겠구나.
돌쇠	(걱정이 되어) 마님, 제발 고정하십시오. 제 말 들으세요.
권진사	너희들은 가만히 보고만 있어라. 내가 어찌 그 중놈을 대하는지
돌쇠	봉변을 당하실까 봐서 그러지요.
권진사	내가 아무려면 늙은 중놈 하나 상대를 못 하겠느냐?
돌쇠	아이참, 알아듣지를 못하시네. 그 스님은 허수아비로 장수를 만들기도 하고, 축지법으로 아침나절에 금강산 건봉사에 갔다가 사시불공을 올리고 단걸음에 돌아올 정도로 도술이 뛰어난 스님이라고요.
권진사	그래 그 늙은 중이 학암 대사라고?
돌쇠	예.
권진사	지난여름 회암사 공양 간에 불이 났을 때 개울에서 상추를 씻다가 허공에 물을 뿌려서 그 불을 껐다는 중이 바로 그자가 아니냐?
돌쇠	아니, 그거까지 아시면서?
권진사	(한심스럽다는 듯)돌쇠야, 너처럼 우매한 놈은 생각도 없이 떠

벌리는 게 문제야. 그러니 늘 속고만 살지. 이놈아, 뜬소문 믿지 말라고 내가 늘 이르지 않았느냐?

* 이때 멀리 개 짖는 소리, 이어 가까이 목탁 소리와 함께 목탁을 든 학암대사가 대문 안으로 들어온다. 잠시 집안을 휘-돌아보고는 꾸벅 절을 하며 권 진사에게 예를 올린다.

학암대사 시주님, 신수가 훤하십니다. 절에 사는 부처님과 중생들을 위해 보시 좀 하시지요.

권진사 보시? 보시가 무엇이야? 부싯돌은 알아도 내 보시는 보지를 못했느니

학암대사 보시는 살아있는 중생들이 할 수 있는 최상의 복덕을 짓는 일이지요? 부처님께서는 어려울 때일수록 나누며 살라고 하셨지요. 그러니 넉넉한 마음을 보여주십시오.

권진사 누가?

학암대사 그야 진사님이? (절을 하며) 내세에 큰 광영을 얻으실 것이옵니다.

권진사 내세에 광영을 얻어? 이 무슨 개 풀 뜯어 먹는 소리야? 난 내세의 영광은 고사하고, 지금 내 가솔들 하고 삼시 세끼 밥을 먹기도 힘이 들어. 그리고 지금이 어느 때인가? 하루 세끼는 고사하고 두 끼 먹기도 힘든 보릿고개야.

학암대사 시주님, 곳간에 벼 가마에는 썩어 싹이 돋아나고, 감자 저장실에서는 썩고 골아서 어제도 감자를 세 가마니나 거름 탕에 쏟아붓지를 않았습니까.

권진사 누가, 우리 집이?

학암대사 (고개를 끄덕인다)
권진사 (짐짓, 놀라서)그 걸 어떻게? (이때 삼월이가 마당의 소란스러움을 살피러 나왔다가 스님과 권 진사가 다투는 것을 보고 망치의 옆구리를 찌르며 만류하기를 채근하다가 안채로 들어간다)
학암대사 찬방에 걸어놓은 조기를 개들에게 던져줄 정도로 곳간에 식량이 가득함에도 어찌 그렇게 욕심을 내어 아끼려 하십니까?
망치 (간절하게)스님, 여기서 봉변당하지 마시고 그냥 가시면 안 되겠사옵니까?
학암대사 걱정 마시게. 오늘은 저 권 진사님 하고 작정하고 다투려고 왔으니,
권진사 뭣이라? 이놈 말하는 소리 좀 보게. (달려들어 목을 움켜쥐며) 이놈아, 네가 도술을 부린다고 하더니 어디 한번 솜씨 좀 보자. 그래 남의 집 재산을 염탐하는 재주는 어디서 배웠느냐. 응?
학암대사 (피하며) 시주님, 무슨 그런 억지소리를?
권진사 억지라니?(옷소매를 둥둥 걷으며) 이놈, 너 잘 만났다.
돌쇠 (권 진사를 떼어놓으려고 하며) 진사 어른, 이러시면 안 되옵니다.
권진사 이놈이 왜 이렇게 나부대는 거야? (밀치며) 저리 가지 못해?
돌쇠 (밀려 넘어지며) 아이쿠! 아이쿠! 엉덩이야
권진사 (학암에게) 내 곳간의 재산이 겨울을 나는 동안 감쪽같이 하나 둘 사라지는 게 이상하다 했는데 바로 네 놈이었어.
학암대사 허허, 시주님, 소승의 소행이라는 증거라도 있습니까?
권진사 있지. 암, 있고, 말고. 첫째, 우리 집 식구들도 모르는 곳간의 재물을 하나처럼 아는 것이고, 둘째는 그 상태까지 꿰뚫어 보고 있다는 것은 보지 않고는 말할 수 없는 것이지. 이래도

	잡아뗄 셈이냐? 이런 날도둑놈아!
학암대사	시주님, 눈과 코가 있으면 모든 사람이 알 수 있는 것이거늘 어찌 소승 탓으로 돌리십니까? (이때 삼월이와 며느리가 쪽문에서 나와 이 모습을 지켜본다.)
권진사	뭐야?
학암대사	거름 탕에 쏟아 놓은 감자와 감자포대를 보면, 썩은 감자의 규모를 알 수 있고, 상한 굴비를 물고 다니는 강아지와 고양이를 보면 찬 간의 음식 규모를 미뤄 알 수 있거늘 왜 이리 억지를 쓰십니까?
권진사	억지라?
학암대사	그렇지요. 그야말로 생떼를 부리는 것이 아닙니까?
권진사	이놈이? (달려들어 바랑을 당기며)내가 그렇다면 그런 것이지. 뭔 잔말이 그렇게 많아? (서로 엉겨 씨름을 하다가 바랑을 빼앗는다)
학암대사	진사님, 행패가 심하십니다. 내 바랑을 빼앗아서 뭣 하시려고?
권진사	(음흉스럽게 웃으며) 뭣하긴, 보시를 하라며?
학암대사	(안심하며) 아, 보시를 하시려고요? 허허, 이제야 마음이 바뀌셨습니까?
권진사	내생에 복덕을 받는다니 어디 보시를 해 보자고!(머슴을 부른다) 망치야, 망치 이놈, 어디 있느냐?
망치	예, (쪼르르 달려와서) 진사 어르신, 부르셨습니까?
권진사	불렀으니까 네가 왔지. 너 아까 내가 준 거 있지? 흐흐, 그걸 가지고 오너라.
망치	준거라니요?
권진사	이놈아! 아까 내가 동네를 한 바퀴 돌아오면서 가져온 거 말

이다.

망치 (놀라)예? 그럼, 거름 탕에 내 던진?

권진사 아, 뭘 그렇게 멀뚱하게 바라보고 있어. 냉큼 가서 가져오지 않고?

망치 하지만, 그게? (난처해서 어쩔 줄을 모른다) 진사 어른, 아무리 그래도 이건 아니옵니다.

권진사 (금방이라도 때릴 듯이) 이놈이 내 집에 살면서 등 따시고 배가 부른 모양이로구나. 네 식구들과 천마산에 올라가서 마 뿌리나 캐 먹게 할까?

망치 (놀라서) 아, 아니옵니다. 냉큼 가져오겠습니다요.(달려나간다)

권진사 (바랑 속을 살피며) 어디 보자. 허, 온갖 감언이설로 우민한 농사꾼들에게 사기를 친 모양이로구나. 밤까지 얻었네. (대추를 하나 꺼내서 먹으며) 거 먹을 만 하구먼.

학암대사 부처님께 올릴 시주입니다.

권진사 내가 땡중이 사기를 쳐 얻어온 밤 한두 개 먹는 게 그리도 아까운가?

학암대사 오 초시가 마련한 깨끗한 시주 물입니다.

권진사 오 초시? 오 초시라면 비탈밭 아래 자리한 감나무 집 말인가?

학암대사 진사님 댁하고는 사돈지간이 아닙니까?

권진사 (흠칫 놀라며) 그, 그것을 어떻게?

학암대사 (미소를 지으며) 지금의 재산도 오 초시가 딸아이를 결혼시키면서 지참금으로 준 것 아닙니까?

권진사 이런 죽일 놈 (달려들어 옷자락을 움켜쥐며) 누 누가 그런 헛소리를?

학암대사	어릴 때부터 머리가 영특하고 잔재주가 많아 오 초시가 잘 가르치면 큰 인물이 될 거라고 사위로 점지하지 않았습니까? 진사 벼슬이야 옥답 12마지기를 팔아서 산 거라 아는 사람은 다 알지만….
머슴들	(놀라 벌벌 떨면서 입을 다물지 못한다.)
권진사	그래서 내 재산이 욕심이 나서 온 것이냐?
학암대사	(반절하며) 소승은 절에 사는 부처님과 중생들을 위해 보시 좀 하라고 온 것입지요.
권진사	(혼잣말처럼) 오 초시, 이 늙은이가 비밀이라고 말해놓고는 떠벌리고 다닌 게 아니야?
학암대사	진사님, 인과의 법칙은 하나도 틀림이 없습니다. 진사님이 이승에서 이토록 복록을 누리는 것도 선망 부모와 본인이 전생에서 많은 보시와 선행을 쌓았기 때문입니다.
권진사	허 참, 내가 전생에 보시와 선행을 쌓았다?
학암대사	예. 일찍이 부처님께서도 걸식을 하실 때 장자의 집을 피해서 아주 가난한 집만을 찾아가며 보시를 권하셨지요. 그들이 그나마 그 공덕으로 내생에 밥이라도 굶지 않게 하기 위해서죠.
망치	(삽에 소똥을 얹어 가지고 들어오다가 울상으로) 진사 어른, 이게 사람의 짓은 아닙니다요.(삽을 내던지고 안으로 들어간다) 전 못합니다요.
권진사	(망치를 보고) 저런 천하에 죽일 놈 같으니…. 이제 간이 밖으로 튀어나왔구나!
학암대사	(손을 모으고 염불을 하다가) 욕계의 한이 하늘에까지 이르렀구나! 허허, 이 일을 어찌할꼬?

권진사   (삽으로 떨어진 소똥을 모아 바랑에 쓸어 담는다) 이 거름 한 삽이면 보리 싹 두 도랑을 기를 수 있어. 쥐뿔도 가진 게 없는 머슴 놈들이 곡식 한 톨 아까운 줄 모르고 있으니? 에이 고약한 놈들!

돌쇠   스님, (간절하게) 우리 진사 어른을 용서하여 주십시오.

권진사   용서? 이놈들이 늙은 중 하나를 보고 뭐가 무서워 벌벌 떨고 있는 게야? 어디 보자. 이 돌중이 얼마나 큰 도력을 가지고 나를 놀라게 하는지?(바랑을 들어 학암에게 주며) 대사! 내 보시는 이것일세.(갑자기 천둥소리와 함께 땅이 흔들린다)

학암대사   고맙습니다. 시주님. (바랑을 받아서 메고는 반 배 하며) 나무 관세음보살!

권진사   고맙다고? 내게 고마워할 거 없네. 그것을 땅바닥에 싸질러 놓은 소나 개새끼들에게 고마워해야지. 암. 어때 기분이 더럽지? 나도 안 좋아. 내가 애써 주워온 거름을 빼앗겨야 하니 내 마음도 더러워.

학암대사   그럼, 소승 물러가옵니다. 부디 평안하십시오.

권진사   평안하거나 말거나 그건 내일이고…. 흠, 매타작 없이 중놈을 보내보기는 처음일세.

학암대사   감사하옵니다.

권진사   뭐라? 감사? 하긴 감사할 일이지. 개똥 한 덩이도 모으는 놈이 있으면 요긴하게 쓰는 놈도 따로 있기 마련이니까.

* 학암이 바랑을 메고 나간다. 그 모습을 보다가 계집종 삼월이, 바가지에 쌀을 담아 들고 며느리와 함께 스님의 뒤를 따른다.

돌쇠   아가씨! 아가씨!

권진사 아가야, 아가야 넌 어디를 가는 게냐?
며느리 (목례를 하고는 그대로 나간다)
권진사 (며느리를 향해)저, 저런 한 푼이라도 아껴야 하거늘 요즘 아이들은 아까운 줄을 몰라.

  * 갑자기 회오리바람이 일어난다. 그 바람 속에 무대가 어둠 속에 잠겨 든다. 마른번개와 천둥소리가 이어진다.
  잠시 사이-. 무대가 다시 밝아지면 천마산 오르막길이다.

천마산 오르막길

  * 대사가 무엇에 쫓기듯 숨을 몰아쉬며 언덕길을 오르고 있다. 저만치 삼월이와 며느리가 스님을 부르며 올라온다.

삼월이 스님, 스님!
학암대사 (멈춰 서서) 응?
삼월이 (숨을 몰아쉬며) 노장 스님, 아휴 숨차, 어찌 그리 걸음이 빠르십니까.
학암대사 나를 따라온 게냐?
삼월이 예.
며느리 (뒤따라 와서) 큰스님 송구하옵니다. 진사 댁 며느리 옵니다.
학암대사 아, 곱단 아씨라는 분이 댁이로군.
삼월이 어머, 스님 우리 아씨를 아셔요?
학암대사 우리 절 대중 스님들에게 이름을 들었지.
삼월이 스님, 우리 주인어른 용서해 주세요. 말씀은 그렇게 하셔도 마음은 착하신 분이랍니다.

학암대사 주인어른을 모시는 마음이 갸륵하구나.

며느리 (바가지의 쌀을 내밀며) 큰스님, 바랑의 거름을 버리시고 이 쌀을 공양받으셔요.

학암대사 (바랑을 열고 그 바가지의 쌀을 붓는다) 고맙구나.

며느리 스님, 바랑 안에 저의 아버님이 아침에 주워온 거름을 넣는 것을 보았습니다. 그것을 버리시지 않고 어찌?

학암대사 (웃으며) 거름이 아닙니다. 저는 권 진사의 욕심만을 받았을 뿐입니다.

며느리 예?

삼월이 노장 스님, 제가 똑바로 보았는데 분명 거름이었습니다요.

학암대사 그나저나 권 진사의 노욕이 구천에까지 미쳐 있으니 이를 어찌한담?

삼월이 (놀라) 스님?

며느리 (눈물을 흘리며) 스님, 압니다. 사람이 할 짓이 아니라는 것을요. 장리쌀을 놓아 갚지 않으면 전답을 빼앗고, 지나는 길손에게도 트집을 잡아서 돈을 갈취하곤 하였습니다.

학암대사 (다정스럽게) 곱단 아씨!

며느리 큰스님!

학암대사 말을 하지 않아도 압니다. 잘 들으세요.
오늘 밤 소쩍새 울음소리가 들리기 시작하거든 곧장 집을 나와 이 천마산으로 올라오세요.

며느리 예?

삼월이 스님, 말씀하실 일이 있으면 지금 말하시지 왜 천마산으로 오라는 거예요?

학암대사 절대 뒤돌아보지 마시고, 곧장!

며느리	(대사를 빤히 바라본다) 큰스님!
학암대사	(고개를 끄덕이며) 그래요. 권씨 가문의 명운도 다한 듯합니다.
며느리	(울먹이며) 제가 할 일이 없는지요?
학암대사	아무것도.
며느리	그렇다면 저희 집 식구들도 구할 수 없사옵니까?
학암대사	내가 한 말을 잊지 말고 달이 뜨기 전에 곧장 집을 나오세요.
며느리	예.
학암대사	그리고 마을 쪽에서 무슨 소리가 들리더라도 절대 뒤돌아보지 말아요. 아셨습니까? 밤새 마을은 꺼지고 대형 못이 만들어질 것입니다.
삼월이	절대 뒤돌아보지 말라고요?
학암대사	(고개를 끄덕이며) 그래.
며느리	예! 알겠습니다. 큰스님!
학암대사	그럼.(산길을 오른다. 삼월과 며느리 스님 향해 합장한다.)

　*마른번개가 일렁인다. 삼월이와 며느리 산길을 내려간다. 이어 한줄기의 소용돌이 바람이 무대를 휩쓸고 지나간다.

　잠시 사이-무대가 밤으로 바뀐다. 소쩍새가 운다.

삼월이	(초롱불을 들고) 아가씨, 어서 따라오셔요.
며느리	나 혼자 살자고 도망치는 것 같아서 마음이 편치 않구나.
삼월이	노장 스님 말씀대로 한 가지만 생각하시라니까요. 달이 돋기 전에 천마산에 오르라고 하셨잖아요.
며느리	내가 아버님을 교화할 수도 있었는데 모두가 내 잘못인 것 같구나.

삼월이 아가씨!

며느리 내 잘못이야. 친정 아버님은 평생 나누고 베풀며 사셨는데, 그 많은 재산 이다음에 짊어지고 가지고 갈 것도 아닌데 말이야.

삼월이 천성이 욕심쟁이라면 어찌 고치겠어요?

며느리 삼월아, 아버님 숭늉도 사랑방에 떠다 놓지 않았는데? 야단하겠다!

삼월이 (큰소리로) 아가씨! 스님 말씀 잊으셨어요? 아무런 생각 말고 달이 돋기 전에 산으로 내달리라고?

며느리 그래.

삼월이 그리고 뒤쪽에서 무슨 소리가 들려도 절대 뒤돌아보지 말라고!

며느리 알았다니까!

    * 이어 천둥소리와 함께 땅이 무너지고 물이 솟아나는 소리와 함께 마을 사람들의 비명소리가 들려온다. 삼월이와 며느리는 귀를 막은 채 종종걸음으로 산으로 오른다.

며느리 (갑자기 걸음을 멈추며) 엄마! 엄마 목소리! (문득, 뒤를 돌아본다. 벼락이 그의 창백하고 겁에 질린 얼굴로 떨어진다.) 아-악!

    * 며느리의 비명소리와 함께 무대가 흔들리며 불이 꺼진다.
    잠시 사이-. 보름달이 떠오른다. 무대에는 망부석처럼 며느리와 삼월이가 바위가 되어 마을을 내려다보고 있다. 슬픈 거문고 소리가 무대를 가득 메운다.

이어 막-.

수필

박춘근 설용수 이창규

이혜선 홍재숙

'불두화' 단상斷想

박 춘 근

　다음 주 수요일은 부처님 오신 날, 즉 사월 초파일이다. 불가佛家의 4대 명절四大名節 중 가장 큰 명절인 이날도 그전에는 공휴일이 아니었다.
　오랜 옛날부터 불교 신도들은 부처님 오신 날을 맞아 평소에 다니던 사찰이나 또는 가까운 시내 포교당布敎堂에서 낮에는 불공을 드리고 해 질 녘이면 정성으로 연등蓮燈을 달았다.
　예수님의 탄생일인 크리스마스가 법정 공휴일이라 종교 간에도 불균형하고 또 민주사회의 법리法理에서 보아도 형평의 원칙에 어긋난다는 세상의 여론을 받아들여 정부는 사월 초파일 '부처님 오신 날'을 엄연한 법정 공휴일로 지정한 것이다.
　세상의 성인聖人 중 무릇 첫손가락에 꼽히시는 분이 석가세존이시니 우리는 곧 이분께서 이 사바세계에 오신 날을 반기고 맞이함이 사월 초파일이다.
　다른 종교의 신자마저 석가세존의 출가의의와 구도求道에서 얻은 불생불멸不生不滅의 지혜로 삼계三界의 죄 많은 중생을 구제하신 그 위대한 희생만은 존경하고 우러러본다. 종교마다 그 가는 길이 다소 다르다 해도 궁극적인 목적은 영원히 사는 길, 곧 죽지 않고 피안彼岸을 얻는 것이다.

그래서 신부가, 목사가, 승려가 비교 종교학을 깊이 익히고 연구하고 몰입하는 것도 다 거기에 연유함이라 할 것이다.

우리나라 불교는 고구려 소수림왕 2년 '묵호자'의 전법傳法에서 그 기원을 두고 있으며, 벌써 1500년에 가까운 긴긴 역사와 독특한 우리만의 불교문화를 지녀왔다.

따지고 보면 우리 문화재의 80%가 불교 문화유산인데, 그것을 불자들은 '성보聖寶'라 부른다.

불교는 천축국에서 중국을 거쳐 남방과 북방의 두 갈래로 전파되었는데 지금 우리는 그 전파의 갈래를 좇아 하나는 남방불교라 부르고 또 하나는 우리나라의 불교처럼 북방불교라 한다.

남방불교, 즉 스리랑카·베트남·태국 등 남쪽의 불교는 소승불교를 지향하며 북방불교, 즉 한국·일본의 불교는 대승불교를 목표한다.

구체적으로 이 두 갈래의 불교가 동양 사회 나아가 아시아 각 민족의 문화형성과 건국 등에 어떤 영향과 결실을 가져왔는지에 대한 해답은 다음 기회로 미루자. 아니 더 전문적 지식을 가진 불교학자의 몫으로 남겨두자.

내가 부처님 오신 날, 사월 초파일에 갖는 소중한 추억과 의미는 누구보다 더 애잔하리라.

어쩌면 한때 부처님 제자가 되어 성불을 지상목표로 삼아온 출세간出世間의 납자衲者였기에 그런 것만은 아니다.

우리 집안은 대대로 불교 집안이었다. 주변에 팔공산이라는 영산靈山이 있고 그 큰 산의 동서에 은해사와 동화사, 그리고 파계사가 있었기에 나는 늘 절간의 향 내음과 스님들의 독경 소리에 익숙했으며, 그런 사이에 나도 모르게 심취하여 언젠가는 내가 팔공사불八公四佛의 주인이 되리라는 결의를 갖게 되었기 때문이기도 할 것이다.

아버지와 친한 근처 사찰 주지 스님들의 우리 집 내왕에서 나는 출가의 고절孤節함과 생로병사, 곧 해탈의 긴 노정을 희구하였고 나 스스로 그 고해의 길을 선택하였음에 더 큰 이유를 두고 싶다.

지금 지천명知天命의 세월에 지난날 10대, 20대의 혈기를 새삼 불교의 출가란 대명제 앞에 굳이 내세워 미화시키고 싶은 위인은 한사코 되고 싶지 않다. 그러나 다만 운수행각雲水行脚 10년에 내가 얻은 인생의 지혜와 삶에의 미덕쯤은 내 가슴 속 가득, 아니 어느 부잣집 광 속의 양식만큼 언제까지나 고스란히 남겨두고 싶다.

한 번쯤 긴 가사 장삼을 입고 인자하신 대웅전 부처님 앞에 경건한 자세로 예불을 올리는 그 근엄함과 수좌首座들의 무문관無門關에서 누구 하나 예외 없이 출가 본래의 신심을 어찌 갖는다 하지 않을까?

어쩌면 나 역시 팔공사불의 전율처럼 느낀 그때 그 모습이 나를 출가의 길로 내몰고야 말았을 것이다.

사찰과 불교에 대한 지난날의 추억이 아니라 해도 구도는 내 인생 황금기의 직접적 체험이요, 도전이었으며 승부처였다는 말을 하지 않을 수 없다.

하물며, 지난날의 추억을 갖고 오늘의 본분을 희석시키는 그 무지無知는 더 한층 못나고 하찮은 이의 망발妄發이라 자인自認한다. 그래서 스스로 한시바삐 속 시원하게 잊고자 함도 피할 수 없는 범부凡夫의 마음인 것을…! 한편 돌이켜 볼 때 출가로 인한 지워지지 않는 마지막 잔상이라 어쭙잖은 자위마저 해두자.

그렇다 한들 내 기억을 충동질하는 미몽迷夢 하나 더 남아있어 여기에 수필의 형식을 빌려 원고지에 옮기고 싶다.

그것은 곧 전국의 각 사찰마다, 아니 대웅전 앞에 가지런히 줄 맞춰 심겨 있는 불두화佛頭花가 내 마음 한 자락을 사월 초파일 이 아침에 이끌리게 하는 그 주역이다.

불두화, 우리는 그 한자의 명칭에서 금세 부처님의 머리같이 생긴 꽃임을 인지한다. 그런데 그 형상은 그렇다 치더라도 이 불두화의 생리가 묘하다.

반드시 사월 초파일이 되어야만 만개한다는 사실이다. 행여 사월 초파일이 윤달 때문에 한 달이나 늦어져도 어김없이 윤달에 맞춰서 활짝 꽃피우니, 이 꽃이야말로 정녕 이 땅에 오신 석가세존을 맞이하는 최고의 전령사요, 선두의 축하객이다.

꽃은 또 얼마만큼 이쁜가. 흰 꽃만이 있는가 할 때 그게 아니다. 자주색의 불두화가 있으며 연한 분홍색의 그 불두화 자태는 더욱이 예쁘다.

간혹 초심자初心者의 신도들이 이 불두화의 탐스러움에 그만 넋을 잃고 자기도 모르게 꽃가지를 꺾다간 그 절 노스님에게 책망을 맞기도 하나, 아름다움을 추구하는 2, 30代 여인들로서야 정말 참지 못할 불두화 그 꽃만이 지닌 미의 유혹에 어찌 넘어가지 않을 수가 있겠는가…!

나는 소복의 여인상이듯 아름다운 꽃, 진정 불가의 본심을 잘 드러내는 꽃으로 여겨 불두화를 염의초식染衣草食의 백운白雲 기간 그리도 사랑하였다.

불두화는 봉오리를 한껏 맺고서도 사월 초파일이 아직 몇몇 날 남

앉으면 꽃피우길 잊은 채 한동안 주저하며 맴돈다.

초파일이 한 이레쯤 남았을까 말까 한 그때에야 조금씩 조금씩 꽃망울이 터지기 시작한다. 이 가지 저 가지의 꽃망울은 순서 없이 뒤죽박죽 튀어나오는 게 아니다.

그것도 잘 훈련된 병사들처럼 한꺼번에 하나, 둘 발맞추어 열병하듯 착착 피어나고 솟구쳐 오른다. 그 모양이 점점 부처님 머리같이 되어 간다.

어느 시인이 맨 처음 이런 모습을 보고 불두화라 했을까? 누구일까, 그 이름 두보일까, 아니면 이태백일까, 아니다 소동파일까, 이 세 사람 다 아닐 것이다.

심산유곡의 손바닥만 한 암자에서 안거하는 10세 동승이 제일 먼저 그 천진무구한 마음으로 '불두화'라 불렀을 것이다.

그저, 마냥 아무런 생각 없이 오늘 아침 예불 때 본 그 부처님의 머리 모양이 생각나서 진여眞如의 면목面目으로 "아! 부처님 머리같이 생겼네. 응 그래 네 이름을 불두화라 하자."

이렇게 해서 이 꽃의 이름이 '불두화'가 되었을까…!

부처님 오신 날 이제 우리는 저마다의 삶을 관조하고 내일의 참된 인생을 일궈가는 물꼬가 되게 이날 하루만이라도 경건한 마음으로 하나의 등을 켜고 향불 하나 사루자.

부처님께서는 '유정무정有情無情이 개유불성皆有佛性'이라 했다. 어디 부처가 따로 있는가. 마음의 평안이 곧 극락이며 남을 돕고자 하는 그 마음이 보리심菩提心이 아닐까.

어려운 이웃, 나보다 못한 내 이웃을 두루 살펴보자. 그리고 형편껏

도와주자.

　북한 동포도 역시 우리 배달겨레이다. 굶어 죽어가는 북한의 내 형제자매들을 위해서 우리 모두 사월 초파일 아침에 연등 하나 불 밝히며 뜻과 몸을 합쳐 그들을 돕는 데 인색하지 말자.

　4,500만 모두가 보살행에 나서자. 이 길이 곧 우리가 사는 길 통일의 길이기에 애절하며 간절하다. 사월 초파일 부처님 오신 날을 앞두고 산문 일화山門—花 그 불두화를 그려보는 내 마음은 어느새 산속 깊은 암자에서 백일기도하는 아낙네의 마음 같다.

　금년에도 불두화는 사월 초파일을 맞아 만발할 것을 나는 믿어 의심치 않는다. 흰꽃·자주꽃·분홍꽃의 불두화는 혼탁한 이 세상 황금에 눈이 먼 그 탐진치를 씻어주고자 그 옛날 그 어느 때와는 비교가 되지 않을 만큼 아름답게 꽃피울 게 확실하다. 부처님 말씀을 꽃잎마다 가득가득 담고서…!

인연 줄에 이끌린 어느 하루

설 용 수

1. 첫 인연, 파주시 약천사

목요일은 문화센터 가는 날이다. 치매 예방을 목적으로 시작한 영어 회화 기초반에서 원어민 선생님과 공부한다. 물론 한 마디도 안 들리고, 한 마디도 나오지 않지만 괜찮다.

'대학 갈 것도 아니고 취직을 할 것도 아닌데 뭐.'

그런 배짱이 없다면 우리 나이에 영어를 접하기가 쉽지 않다.

'꾸준히 다니면 도움이 되겠지.'

편한 마음으로 시작했는데 가끔 젊은 수강생들과 차를 마시는 기쁨도 생겼다.

봄학기가 시작되고 얼마 후, 지하 식품관에 갔다가 우연히 한 수강생을 만났다. 차를 마시며 이런저런 이야기를 하다가 그녀가 심학산에 다닌다는 것을 알게 되었다.

"그 산에 함께 갈 수 있어요?"

나는 그녀에게 동행을 부탁했다.

내가 심학산을 처음 알게 된 것은 오래전에 발간된 장편 동화 『심학산의 아이들』을 통해서이다. 그 책의 배경은 경기도 파주의 심학산 중

턱에 있는 한 초등학교이다. 산 아래 사는 아이들과 노처녀 선생님의 이야기가 담겨있다. 입학해서 졸업 때까지 6년 내내 보는 형제 같은 아이들, 그들의 꿈을 지켜주려는 선생님의 소중한 이야기가 펼쳐진다. '심학산' 그 이름에서 풍기는 서정적 느낌 때문일까? 특히 제목이 오랫동안 기억에 남았다.

다음 주, 그녀가 심학산에 가자고 했다. 둘레길을 생각해서 가벼운 옷차림으로 따라나섰다. 주차장에 내려서야 그곳에 꽤 큰 절 '약천사'가 있다는 것을 알았다. 약천사는 초등학교 위로 구불구불 가파르게 올라가 심학산의 가슴에 푹 안겨있었다. 하늘로 살짝 추켜올린 절의 기와지붕을 보자 마음이 풍선처럼 부풀었다.

옛날 엄마 손을 잡고 갔던 정릉 옆 청수장에 있던 작은 절이 떠올랐다. 부처님께 집안의 평안을 기원하며 두 손을 모으셨던 어머니의 단아한 모습도 눈앞에 선했다. '무엇을 그렇게 비셨을까?' 물을 것도 없다. 세상 모든 어머니의 기도는 오직 가정과 자식들을 위한 염원일 테니까.

"지난주에 불교대학이 개강했어요. 오늘 수업 날인데 들어보실래요?"

나보다 열 살이나 아래인 그녀의 살가운 권유를 마다할 이유가 없다. 강의실로 가니 30여 명의 불자들이 단정하게 앉아 수업을 기다리고 있었다.

중간에 청강생으로 들어간 나는 약천사 주지 '허정 스님'의 말씀에 마음의 문이 활짝 열렸다. 쉽고, 간결하게 전달되는 생활철학이 울림 크게 가슴에 닿았다. 수업이 끝나자 종무소에 가서 등록을 마쳤다. 봄학기는 3월부터 6월까지 12주, 매주 월요일 오전 10시부터 12시까지라고 했다.

강의가 끝나면 주지 스님이 꼭 말씀하신다.

"공양간에서 식사하고 가세요."

스님은 우리를 둘러보며 잔잔한 미소를 지으신다.

'역시… 종교는 겸손이야!'

나는 약천사를 마음에 담기 시작했다.

매주 월요일, 가능한 한 일찍 도착해서 심학산을 걸으려고 서둘렀다. 집에서 심학산까지 교통이 애매해서 자전거를 타고 다녔다. 편도 약 40분, 페달을 밟으며 달리는 길이 즐겁다. 시내를 벗어나면 저 멀리 우뚝 솟은 산과 뻥 뚫린 하늘이 보인다. 그 아래 논도 보인다. 논에서는 막 심은 어린 벼들이 나란히 서서 나에게 손을 흔들었다.

"얘들아, 반가워. 무럭무럭 자라거라."

더 달리면 넓은 잔디의 파크골프장도 보인다. 삼삼오오 모여 채를 휘두르는 모습에 활기가 가득하다. 잠시 호흡을 고르며 봄빛만큼이나 화사한 그들을 본다. 고개를 들어 심학산도 본다.

불교대학 덕택에 나는 심학산의 봄을 만끽했다. 분홍분홍, 산 벚꽃을 피워내고 연두연두, 새싹들의 고개를 밀어내며 봄, 봄, 봄을 외치던 그 산의 높이는 192m이다. 경사도가 완만하고 둘레길이 편편하여 많은 사람들이 즐겨 찾고 있다. 숲속을 걷다가 어느 순간 새소리, 바람소리, 사람 소리까지 멈춘 완벽한 고요가 나를 감싸면…

"아!"

온몸에 전율이 일었다.

불교대학은 벼들이 한창 자라고 있는 6월 첫 주에 종강했다. 수업이 끝나자 심학산 둘레길 걷기도 끝났다. 소속감이 사라지자 시나브로 모든 것이 끝나갔다.

9월 첫 주, 불교대학과 문화센터의 가을학기가 시작되었다. 불교대학의 첫 수업엔 일이 있어 수강을 못 했다. 대신 목요일 영어반에서 그녀를 다시 만났다. 끝나고 차를 마시는데 이번 주 일요일, 약천사에서 방생 법회 행사가 있다고 했다. 괴산군 공림사에서 방생한 후 법주사로 간다는 말에 귀가 번쩍 띄었다. 늦었지만 참석할 수 있는지 물었다. 그녀가 종무소와 통화하자 마침 빈 자리가 있다고 했다.

'오, 법주사!'

충북 보은군에 위치한 그 사찰은 50여 년 전, 첫 직장에서 단체로 갔던 곳이라 기억이 뚜렷하다. 그렇게 먼 여행이 처음이라 그랬을까, 그렇게 큰 절을 본 게 처음이라 그랬을까? 법주사는 나에게 새벽녘 피어오르는 저수지의 물안개처럼 아련한 추억의 장소였다.

'언제든 다시 가보고 싶은데…'

마음은 늘 그리웠지만 이상하게 인연이 닿지 않았다. 혼자라도 가볼까, 벼르던 참인데 나의 마음을 알기라도 하듯, 약천사의 인연 줄이 나를 그곳으로 이끌었다.

2. 둘째 인연, 괴산군 공림사

당일 오전 6시 30분, 고양종합운동장 앞에서 버스를 탔다. 어제도, 그제도 내린 비가 멈출 듯 말 듯, 오락가락하는 사이에 버스는 수도권을 벗어나 한가한 고속도로를 달렸다. 양쪽으로 검푸른 산들이 스치며 우리와 눈 맞춤을 했다. 첫 목적지는 괴산군의 '공림사'라는 말에 다시 가슴이 뛰었다.
"전생에 괴산군 소나무였나 봐."
내가 나에게 말할 정도로 나는 괴산군이 좋다. 제대로 가본 적 없고, 고향이 괴산인 친구를 만나본 적도 없다. 단지 오래전에 본 기사 한 줄 때문이다.
'괴산군은 우리나라에서 원시림이 가장 많이 남아있는 곳.'
맞다. 내 전생을 통틀어 어느 한 시절, 괴산군의 소나무였기에 그곳을 그리워하나 보다. DNA를 검사하면 내 몸 안에서 괴산군의 원시림이 한 톨이라도 나올까?
'괴산군엔 화양계곡도 있지.'
그 계곡은 얼마나 아름다울까? 말로만 듣던 그곳을 조만간 가보겠다고 마음을 다졌다.
버스가 고속도로를 벗어나 공림사를 향해 달렸다. 겨우 차 한 대 지나갈 정도의 좁은 길, 요리조리 가는 길에는 추억이 가득하다. 어느 집 담장 아래 활짝 핀 봉숭아 줄기에는 탐스러운 빨간 꽃이 주렁주렁 달렸다. 나는 봉숭아꽃과 나의 손톱을 번갈아 보았다.
"얌전하게 자야 안 빠진다."
봉숭아꽃과 백반을 함께 찧어서 손톱에 얹고, 아주까리 잎으로 싸며 말씀하시던 어머니! 다음 날 일어나면 여지없이 빠져서 달아난 아주까리 잎들, 노랗게 물들어 퉁퉁 부어있던 손톱 주변의 살들, 손톱이 생각만큼 빨갛지 않아 실망했던 기억들이 나의 손가락 위에서 맴돌았다.
어머니는 유난히 꽃을 좋아하셨다. 우리 집 안마당 작은 꽃밭에는 봄부터 가을까지 꽃이 피어있었다. 앞줄엔 채송화, 봉숭아 뒤에는 맨드라미, 분꽃, 깨꽃 더 뒤에는 과꽃, 다알리아, 해바라기, 줄 타고 올라가며 아침마다 꽃을 피우던 나팔꽃과 노란 수세미꽃까지 어머니의 손길 따라 탐스럽게 자랐다. 어머니의 꽃밭 사랑은 아파트가 보편화되면서부터 멈췄다. 이미 그 전에 뇌출혈로 쓰러져 반신불수가 되자, 해마다 피고 지던 꽃들도 어머니 마음속에서 사라졌지만!

집들이 드문드문해지고 골목길은 더 좁아졌는데도 기사님은 운전을 잘하셨다. 주변은 온통 검푸름으로 가득했다. 봄의 초록초록이 여름의 검푸름으로 변할 때면 산들이 내뿜는 아우성이 들리는 것 같다. 청춘의 막바지에서 그들은 뭐라고 소리치는 걸까?
버스가 한 굽이를 돌자 눈앞이 환해졌다.
"아!"
갑자기 하얀 들판이 나타난 것이다.
"메밀꽃이다."
작은 탄성들이 여기저기서 터졌다.
버스는 메밀밭을 지나 바로 멈췄다. 드디어 충북 괴산군에 위치한 낙영산 '공림사' 주차장에 이른 것이다. 여러 사람의 손길에 의해 준비물들이 연못 옆으로 옮겨졌다. 너무 넓지도, 좁지도 않은 연못에서는 까만 연자를 품은 연의 줄기들이 고개를 내밀고 있었다. 오락가락하던 비도 멈추고 환한 햇살이 퍼졌다. 나는 소나무 사이로 보이는 공림사를 눈여겨보았다.

공림사는 신라 제48대 경문왕(861~874) 때에 자정선사가 창건한 고찰로 알려져 있다. 임진왜란으로 대웅전만 남고 소실된 것을 인조 때 중창하였다. 1950년 한국전쟁 때, 공비들이 절에 출몰한다는 이유로

토벌군에 의해 전소되어 폐사되었다.

천연기념물로 지정된 망개나무와 절 옆에 늠름하게 서 있는 느티나무는 그 아픔을 모두 겪으며 살아남았다. 불에 타서 대웅전 지붕이 내려앉고, 옆의 삼성각에 옮겨붙을 때 그들의 가슴은 얼마나 아렸을까. 나무줄기에는 그 아픔을 이겨내며 피눈물 뿌렸던 역사의 흔적들이 나이테와 함께 남아있겠지?

연못 옆에 간단한 제단이 꾸려졌다. 약천사 주지 '허정 스님'의 목탁 소리가 주변으로 퍼졌다. 신도들이 간단한 책을 보며 기도문을 외웠다. 나는 아무것도 몰라 조용히 서 있었다. 옆에 있던 한 신도가 옆으로 다가와 책을 내밀었다.

"감사합니다."

식이 끝나자 방생이 시작됐다. 나는 일회용 대접에 미꾸라지 네 마리를 받아 들고 연못가로 갔다. 물 가까이에 서서 그들을 놓아주며 마음속으로 빌었다.

'이무기가 될 때까지 잘 살아라.'

대접을 반납하고 메밀밭으로 내려갔다. 다시 구름을 뚫고 나온 햇살이 하얀 메밀꽃 위에서 뒹굴고 있었다. 나는 그 광경을 놓치지 않으려고 연신 사진을 찍었다. 이렇게 찍고, 저렇게 찍어도 결국은 메밀꽃인데 생전에 한 번도 본 적 없는 것처럼 신기해하며 카메라에 담았다.

'메밀은 강원도지!'

그러다 생각하니 제주도에서도 메밀이 많이 자란다는 것이 떠올랐다. 역시 고정관념은 고쳐가며 살아야 한다.

방생이 끝나자 우리에게 20분의 시간이 주어졌다. 나는 얼른 공림사 경내로 달려가 천 살 넘은 느티나무 아래 섰다. 온몸을 묵직하게 틀어 올린 굵은 줄기에서 공림사의 깊은 역사가 읽혔다. 까마득하게 올라가 넓게 펼쳐진 가지에는 이파리들이 가득했다. 그들이 만든 그늘에서 많은 사람들이 마음의 휴식을 얻었을 것이다.

"느티나무 할아버지, 고맙습니다!"

대웅전으로 가서 부처님께 삼 배를 올린 후 삼성각에서 다시 삼 배를 올렸다. 나의 삼 배는 늘 비슷하다.

'오늘의 모든 인연에 감사드립니다.' 일 배

'사는 날까지 부지런히 살겠습니다.' 이 배

'자다가 세상 하직하기를 소원합니다.' 삼 배

그리고 일어서며 짝사랑을 고백한다.

"부처님 사랑합니다!"

이런 것도 기도가 되는지는 잘 모르겠다. 나는 그저 나의 진심을 나 자신에게 상기시킬 뿐이다.

망개나무를 찾아 두리번거리다가 대웅전에서 하얀 옷을 입고 살풀이를 추는 아름다운 여인을 보았다. 온몸으로 한을 풀어내듯, 살폿살폿 움직이는 그녀의 몸짓에 따라 하늘거리는 한복이 우아한 선을 그렸다. 두 손에 들려있던 하얀 수건이 허공으로 뿌려질 때면, 이승에서의 깊은 한들이 저절로 사라질 것만 같았다.

나중에 알게 된 사실이지만 조용하고 품위있는 그녀의 춤은 국가무형유산 제97호 (고) 정명숙 인간문화재 전수생, 김명희 보살님의 망자를 위한 보시 춤이었다고 한다. 나는 제단 앞에 놓여있는 남자분의 영정사진을 보며 빌었다.

"생전의 나쁜 기운들은 모든 풀어내시고 부디 성불하세요."

3. 셋째 인연, 보은군 법주사

방생 법회와 공림사에서의 일정이 모두 끝났다. 버스는 우리를 청천면의 한 식당 앞에 내려주었다. 관광버스 두 대의 손님을 맞아 매우 붐볐지만, 단체 손님에 익숙한 듯 일하시는 분들의 손놀림이 빨랐다. 식사가 끝나자 우리는 보은군을 향해 달렸다.

'법주사!'

의신조사가 천축으로 구법 여행을 떠났다가 흰 나귀에 불경을 싣고 돌아와서 머물렀기 때문에 '부처님의 법이 머무는 절'이라는 뜻으로 그 이름 지었다고 한다.

나의 추억은 50년 전으로 거슬러 올라간다. 동료들과 속리산으로 등산을 갔다가 법주사 경내에 발을 디뎠다. 배낭을 멘 채 넓은 절 마당에 서서, 까마득하게 키가 큰 부처님을 정신없이 올려다보았다. 그 장면만이 오늘의 일인 것처럼 선명하다. 당시엔 시멘트였을 그 부처님을 뵈며 나는 스스로 존경심을 키웠다.

마치 세상에 나 혼자뿐인 것 같던 그 고요함, 부처님 위에서 빛나던 그 햇살의 눈부심, 부처님과 나 사이에 공기가 사라진 것 같던 그 무아의 세계가 나와 법주사를 오랫동안 하나의 끈으로 연결하고 있었다.

버스가 법주사 가까이 이르자 다시 가슴이 두근거렸다.

"부처님은 여전히 그 자리에서 모두를 반기고 계시겠지?"

그러나 세월 따라 법주사도 많이 변했다. 절 앞에 늘어선 상점들부터 낯선 풍경을 보여주었다. 경내로 들어서니 그렇게 넓었던 법주사가 매우 좁아진 느낌이 들었다.

"기억의 오류일 수 있어."

나의 기억이 단편에 머물고 있으니 틀릴 가능성이 높다. 하지만 아무리 더듬어도 당시에는 없던 요사채가 많아진 것 같다. 넓고 한적했던 절 마당은 좁아졌지만 대신 풍성하게 보였다.

나의 시멘트 부처님은 긴 세월을 이기지 못하셨을 것이다. 재질의 특성상 햇빛과 비바람에 색도 변하고 몸체도 갈라졌겠지. 그럼에도 불구하고 대중들에게 희망의 빛을 주셨겠지.

지금은 청동에 금박 옷을 입고 계신다. 앞으로 50년이 아니라 500년이라도 그 자리에서 우리를 반기실 것이다. 발목 아래로 처마를 두르고 계신 것은 아직 공사가 덜 끝났기 때문이다.

"부처님, 오래오래 사세요!"

이렇게 인사드리면 실례일까?

대웅전으로 향하니 탑이 보였고 그 앞에 손오공도 서 있다.

'삼장법사와 손오공?'

다시 생각했다.

'손오공과 법주사?'

그것이 주는 의미는 뭘까?

'에이, 나 같은 날라리 초보 신도가 뭘 알겠어?'

대웅전에서 삼 배를 마친 후, 절 마당을 서성이는데 한 보살님이 나를 커다란 바위가 있는 곳으로 이끌었다.

"저렇게 큰 바위도 있네요!"

감탄이 나올 정도로 거대한 바위 두 개가 서로를 맞대고 있었다. 문득 차 안에서 영어반 그녀가 했던 말이 떠올랐다.

"다시 환생한다면 아주 커다란 바위로 태어나고 싶어요."

그녀는 사람들이 건들 수 없을 정도의 큰 바위가 되고 싶다고 했다. 나는 사람의 발길이 닿지 않는 깊은 산속의 한 그루 나무로 태어나기를 기원한다. 괴산군의 원시림 어디쯤이면 좋겠다.

바위 앞으로 다가서자 오른쪽 바위에 돋을새김으로 조각된 고려시대의 미륵불, 마애여래님이 나를 향해 미소 짓고 계셨다. 보기 드물게, 화사한 연꽃잎 위에 앉아 두 다리를 아래로 내려놓은 모습이다.

"변한 것이 있다면 변하지 않는 것도 있어."

무언의 말씀에 공감하며 미륵불님께 삼배를 올렸다.

"변하지 않은 것에 감사합니다."

"앞으로도 변하지 않을 것에 감사드립니다."

"변한 것과 변하지 않은 것의 차이를 깨닫게 해주셔서 감사합니다."

다시 영겁의 세월이 흘러도 마애불님은 옷자락 하나 변하지 않으실 것이다. 그것만으로도 나는 충분히 위로가 되었다. 갑자기 올라올 때 보았던 어느 찻집의 시원한 음료가 떠올랐다. 나는 그 보살님의 손을 잡고 경내를 벗어났다.

올라갈 때는 보지 못했던 풍경이 내려올 땐 보이기 시작했다. 함께 걷던 분들이 사이길 양쪽의 소나무가 홍송이라고 알려주었다. 그제서야 붉은 소나무 줄기들이 눈에 들어왔다.

"이들은 미륵불님과 비슷한 세월을 살아냈을까?"

한 손으로 소나무 줄기들을 가만히 쓰다듬었다.

다음 계획은 정이품 소나무를 보러 가는 것이었다. 그러나 예정보다 늦어진 일정으로 패스, 출발이 30분 늦으면 수도권에서는 두 시간 늦어질지도 모르니 서둘러야 한다.

정이품 소나무에는 두 가지 전설이 전해진다. 세조가 법주사로 가는 길에 소나무가 가마를 위해 가지를 들어 올렸고, 이를 기특하게 여긴 세조가 정이품 벼슬을 내렸다는 것과 또 다른 설로는 세조가 소나무 아래에서 비를 피했다는 이야기도 있다.
 '소나무가 얼마나 잘 났으면 그런 전설이 전해질까?'
 사람이든, 동물이든, 소나무든 잘생기고 볼 일이다. 덕택에 정이품 소나무는 세조 때부터 지금까지 귀한 대접을 받고 있으니… 버스에 오르면서 내 생각이 너무 속물적인 것 같아 '피식' 헛웃음이 나왔다.

 버스는 다시 고속도로를 달렸다. 오전에 내려왔던 길을 오후에 올라가는 것이다. 어떤 사람이 등산하는 사람들에게 말했단다.
 "어차피 내려올 건데 왜 올라가?"
 나는 그 사람에게 묻고 싶다.
 "어차피 배고플 건데 왜 먹어?"
 나는 설레임으로 내려갔다가 충만함을 안고 올라간다. 나의 추억 속에 또 하나의 절 공림사가 자리 잡을 것이고 짝사랑 법주사의 농익은 모습도 기억될 것이다.
 이번엔 비록 하루만의 짧은 여정이었지만 괴산군으로 며칠간 자전거 여행을 떠나고 싶다. 원시림이 내뿜는 정갈한 공기들을 마시며 한적한 길을 달리면 얼마나 좋을까? 노트북을 들고 가서 담장 아래 봉숭아꽃이 만발했던 그 집에서 며칠간 머물면, 저절로 글감이 떠오를 것 같다.
 '좋아, 계획을 세워보자.'
 이 모두는 문화센터에서 시작되어 심학사에 이르기까지의 귀한 인연들 덕분이다. 인연의 끈, 그들 모두를 향해 감사의 마음을 담아 두 손을 모았다. 오늘의 끈이 내일의 또 다른 끈으로 이어질 것 같은 즐거운 예감도 들었다.

버스가 한강에 이르자 서쪽 하늘에 옅은 석양이 드리우기 시작했다. 흰 구름 주변으로 비행기 한 대가 지나가고 있었다. 문득 '여행은 길어야 맛'이 아니라는 생각이 스쳤다. 다행히 강변북로와 자유로가 막히지 않아 예정했던 시간에 도착했다.

'오늘의 추억 찾기 여행도 충분히 아름다웠어!'

버스에서 내려 집으로 가는 길, 방생 법회로부터 시작된 이번 여행의 귀한 순간들을 되돌아보았다. 내딛는 발걸음이 새털처럼 가벼웠다. 오늘 밤 꿈속에서 약천사, 공림사, 법주사를 다시 만날 수 있을까?

'그것도 욕심이지.'

나는 붉게 물들기 시작한 하늘을 올려다보며 '하하' 웃었다. 내가 나의 머리를 툭 치며 말했다.

"불교대학을 다녀야 심학산의 가을도 볼 수 있어."

백번 지당하신 말씀, 내일은 자전거를 꺼내 손봐야겠다.

"달려라, 약천사로!"

타아他我를 섭렵해야 할 독서

이 창 규

때때로 기도와 명상 앞에서 독서를 하면 도움이 된다는 생각을 한다. 삶의 방법이나 사랑법이 개인마다 다르듯이 하는 일상과 독서도 다르다.

정보화Information 시대는 지식과 정보가 사회의 원동력이 되고 있음으로 해서 지식 정보화시대 독서는 필수 영역이라 생각되어 오늘을 살아가는 우리는 인간성 회복이나 영혼의 정화 측면에서도, 아니면 성공인을 위해 정신을 살찌우는 방법으로서도, 독서를 빼놓을 수 없는 것이 타아 섭렵법이기 때문이다.

자아自我는 혼자 설 수 없고 타아他我를 섭렵하였을 때에 비로소 올바른 자아로 형성될 수 있는 것이다. 따라서 타아 섭렵은 여러 가지 방법이 있겠으나 방송이나 신문 보기 독서가 지름길이다.

독서는 건강한 비판 정신과 문화를 아끼고 이웃을 사랑할 줄 아는 삶의 지혜를 얻게 해 주는 정신적 산물을 제공해 주거니와 건강한 정신을 만들어 준다고 믿고 있기 때문이다. 따라서 손 가까이에 책이 있어 분량은 생각지 않고 읽어 내고, 몇 자 메모Memo하는 것으로도 독서를 지혜로 바꾸는 지속적인 활동이라고 인정하는 것이 중요하다.

매일 기록하며 반성하는 일기日記는 개인의 생활 기록이지만 메모는 참으로 방대한 의미를 지니는 역사적 기록이라는 것이다. 신문을 읽고 몇 줄 메모나 한 권의 책을 읽고 메모한 읽은 후 내용으로 전자는 국내외적인 정보일 수 있고, 후자는 인물이나 사건을 선험先驗한 길을 내가 걸어갈 수 있는 메모가 되는 것이다. 세상 바다에 떠다니는 정보Information를 사냥하여 한 줄 두 줄 메모하거나 독서 후 메모한 것을 챙겨 보았더니 이것이 나에게는 50여 년의 문학 활동과 60년째의 교단 활동에서 찾아낸 금싸라기들이었다는 것이다.

　우리는 누구나 살아가면서 한두 번은 어떤 일이든 성취과정의 벽에 부딪혀 시련을 맞게 되는데, 그럴 때마다 책 속의 여러 군상은 그것을 어떻게 극복할 수 있었는지를 몸소 보여준다는 것이다.

　그럴 때에는 기도를 하고 그것을 통하여 우리는 대처방법을 체득할 수 있게 되고 닥친 고비를 헤쳐나갈 수 있게 되는데 이것은 결국 책이 우리에게 일종의 처방을 해 준 셈이다.

　독서로 얻은 힐링Heeling으로 잠재의식潛在意識과 현실의식이 접목되었을 때 자신도 모르는 아이디어IDEA로 문제해결이 가능하게 되고, 성공한 사람들의 경험을 통해 우리도 성공을 꿈꾸게 될 때 실제로 성공에 이르게 되는 것이기 때문이다.

　한 권의 책, 한 줄의 명언들이 그들의 길을 결정해주기도 하고, 인생의 비전Vion과 미래지향적인 안목眼目을 좌우할 수 있게 자료를 제공해 주기 때문이다. 개개인의 존경 인물이 서로 다르겠지만 먼저 자기가 존중하는 인물의 책은 있는 대로 탐독耽讀하는 것이 좋다.

　존경하는 인물의 전기傳記나 저서著書를 필독서로 한다면 곧 그 길이 자기가 걷는 길일 수 있기 때문이다. 그것이 아니어도 좋다. 자기가 읽고 싶은 책이면 어떤 분야의 것이라도 좋을 것이다.

꿈 즉 내가 바라는 일과 연관된 책을 읽으면서 꿈이 실제로 나를 향해 걸어오게 할 것이고, 자신만의 도서목록을 마련하고, 이에 메모하는 습관을 곁들인다면 자신의 인생에 무엇보다도 더 든든한 밑천이 될 것이다. 굳게 잠긴 문 앞에서 만능열쇠를 갖고 서 있는 열쇠 장수처럼 말이다.

이러한 작업이 곧 일상과 통한다. 어떤 것이 일이며, 왜 그 일을 하여야 하는가! 하면 내가 하는 일을 통해서 자신의 정체성을 찾기에 알맞기 때문이다. 책을 읽고, 메모하는 것 또한 일事이다. 뿐만 아니라 작업과 같은 노동 또한 일이다. 걷지 않은 날이면 간단한 노동으로 대신하면서 이러한 활동을 통틀어 일이라고 한다. 일하는 것만큼 보람되고 가치 있는 활동이 없을성싶다. 활동을 통해서 건강도 만날 수 있기 때문이다.

교황 요한 바오로 2세는 "일은 인간의 존엄성을 표현함으로 인간에게 선善한 것이라고 강조하였다." 우리는 등산으로 건강을 산山에서만 찾으려고 하는 경향이 있다. 자기에게 맞는 건강을 생각한다면 체질과 생각에 어울리는 약간의 햇볕을 쬐고 땀을 흘려 일을 하라는 것이다.

독서처럼 일하는 시간만큼 일하는 자유를 찾을 수 있고, 나를 돌아볼 수 있는 것이다. 그러한 일의 가치를 정보나 독서에서 찾는 일만큼 보람 있는 일이 없을성싶기 때문이다.

지금도 내 앞에는 읽은 후 메모하는 일뿐이다.

부처님과 인연 맺게 해준 책과 단주

이 혜 선

내 마음속에 오래오래 간직해온 책 『불교성전』과 『불교학개론』이 있다. 그때 그 단주와 함께 지금은 다른 책으로 대체되어 소중하게 간직되고 있다.

경남 함안의 산골 마을에서 태어난 나는 고향의 면 소재지에서 초등학교와 중학교를 졸업하고 마산시에 있는 고등학교에 진학한 뒤에 별로 공부에 전념하지 않았다. 내가 진학한 고등학교가 당시에는 흔치 않은 종합고등학교였는데, 상과, 방직과, 가정과, 문과가 있었다. 나는 고향의 남녀공학 중학교에서 입학시험 때부터 남학생들을 제치고 수석을 맡아 놓고 있었는데, 나를 진학 지도하는 선생님의 "너는 그 학교에 가면 수석합격 할 수 있다"는 권유와 도시에 유학시키는 데 부담을 느끼는 나의 부친의 '인문계 나와서 어중개비 되는 것보다 상과 졸업하고 취직 잘하면 더 낫다'는 생각이 맞아떨어져서 나는 그 학교의 상과에 진학하게 되었던 것이다. 그런데 막상 진학을 해보니 나와 별로 맞지 않는 상업과목만 많고 정작 내가 좋아하는 국어나 인문과목은 소홀히 하고 있어서 거의 공부에 흥미를 잃었다. 입학성적으로 반장에 임명되었기에 체면치레로 시험 볼 때만 적당히 공부해서 항상 1등은 유지하고 있었다. 그러나 대부분의 시간을 책을 읽거나 다른 활동하는데 정신을 팔고 있었다. 당시 나는 도서관에 박혀서 책을 읽지 않으면, 4층 꼭대기에 있는 '진달래 학보사'에 가서 글을 쓰거나 창밖으로 합포만 바다를 바라보며 멍하니 생각에 잠기는 날이 많았다. 내가 하고 싶은 일을 하려면 대학에 꼭 가야 한다고 생각되는데 나의 현실은 거기서 자꾸 멀리 달아나고 있으니 그만큼 나의 장래가 불투명해 보였기 때문이다. 그래서 나는 학교생활에 만족하지 못하고 될 수 있는 대로 학생활동을 많이 했는데 그중 하나가 전교생을 대표하는 청소년 적십자(JRC) 단장으로 활동하는 것이었다. 마산 시내의 남녀 중고등학교 JRC(지금의 RCY) 대표들이 한 달에 한 번씩 모여서 각 학교를 돌아가며 월례회를 열었다. 하루는 마산공고에서 회의를 끝내고 나오는데 그 학교의 대표인 홍상택 군이 내게로 와서 불교 마산포교당의 법회에 나오기를 권유하는 것이었다. 당시에는 남녀학생이 공식 활동은 같이해도 개인적으로 말도 잘하지 않고 내외하던 분위기인지라 새침데기였던 나는 건성으로 듣고 염두에 두지 않았다. 그러던 어느 날 그가 『불교성전』과 『불교학개론』 두 권의 책과 보라색 고리를 한 예쁜 단주를 건넸다. 이 책을 읽고 공감이 가면 포교당에 나오라는 당부와 함께. 나는 원래 불교 집안에서 태어나 어려서부터 엄마를 따라 고개 너머에 있는 작은 절에 다니기도 하고 좀 커서 내가 따라가지 못할 때는 엄마가 절에서 불공드리고 가져오신 무지개떡을 먹으면서 자랐기 때문에 불교에 긍정적인 생각은 갖고 있었다. 그래도 내가 포교당에 나가서 적극적으로 배우고 실천해야겠다는 생각은 없었다. 그런데 그가 준 책을 읽으면서 나는 불교의 교리를 어느 정도 이해하게 되고(지금 생각하면 가당찮은 일이지만) 공감이 가게 되었다. 그래서 '불교는 지극한 신심信心이 없더라도 철학으로 접근해도 좋겠구나. 더 나은 삶을 살아가기 위한 지혜智慧의 길을 가르쳐 주는구나.'라는 결론을 얻고 포교당에 나가게 되었다. 홍상택 군이 불교학생회 회장을 하고 내가 부회장을 맡아서 초파일행사며, 여름 수련회며 여러 가지 활동을 환희심으로 해내었다. 무엇보다도 매일 새벽예불을 빠지지 않고 참여하는 초발심初發心을 내게 되었다. 그때 나는 완월동에서 자취를 하고 있었고, 마산포교당은 부림동의 부림시장 뒷골목에 있어서 새벽 네 시 예불시간에 맞추자면 3시 정도에 집을 나서야 했다. 아무도 없는 새벽시간, 텅 빈 넓은 길에 나를 따라오는 내 발자국 소리가 무서워서 항상 뛰어서 다녔다. 그래도 촛불 그림자 일렁이는 큰 법당에서 스님의 독경 소리에 맞추어 예불 드리고 엎드려 절하며 지심귀명례至心歸命禮를 외울 때면 그야말로 지심으로 부처님께 귀의하는 환희심으로 몸과 마음이 충만하였다. 그때 나를 따라 한동안 새벽예불을 다녔던 현숙이와 지금도 그때 얘기를 하면서 그 초발심을 그리워하기도 한다.

첫 입문할 때 나는 의문을 가지고 있었다. 부처님이 깨달은 연기법에 의하면 인과응보에 따라 착한 사람이 잘살고 하는 일이 잘되고 행복해야 하는데, 주위를 둘러보면 도무지 그런 것 같지가 않았던 일이다. 오히려 착하지도 않고 부지런하지도 않은 사람들이 더 잘 되어서 행세하고 다니고 사기꾼이 오히려 더 활개 치고 다니는 현실이었다. 혼자 책을 읽다가 의문이 생기면 밤중에도 불교학생회 지도 법사님(재현 스님과 법산 스님)께 문의하고 스님이 갖고 계신 책을 잔뜩 빌려다 놓고 날 새는 줄 모르고 읽었다. 혼자 자취를 하고 있어서 깨워줄 사람도 없이, 밤새 책을 읽다가 새벽에 잠들어 늦잠을 자서 학교에 지각하기도 하였다.

연기법에 의하면 이 세상의 어떤 행위도 반드시 그에 해당하는 결과를 낳는다. 착한 행동에는 좋은 결과가, 악한 행동에는 나쁜 결과가 초래되는데 이것이 선인선과善因善果, 악인악과惡因惡果의 인과응보因果應報이다. 자신이 지은 업業에 대한 과보를 받는 인과의 법칙은 아주 정연한 것으로 알고 있다. 그러나 때때로 그 과보가 즉각적으로 나타나지 않는 경우가 있다. 그런데 업은 그 과보를 받는 시기에 따라 순현업順現業과 순생업順生業, 순후업順後業으로 나누어진다. 업에 대한 과보가 현생에 바로 나타날 경우를 순현업, 다음 생에 나타날 경우를 순생업, 다음 생 이후에 나타날 경우를 순후업이라고 부른다. 이러한 삼업에 대한 결과론을 이해하고 나서 나는 부처님의 가르침을 받아들이고 계를 받았다.

그때 그가 빌려주었던 책은 도로 돌려주어 지금은 없지만, 그 후에 내가 동국대학교에 진학하여 소극적이나마 불교학생회 활동을 하고, 여의도에서 종로5가를 지나서 장충공원을 지나 동국대학교 교정까지 불상과 코끼리상을 모시고 초파일 제등행진을, 그것도 구두를 신고 해내고 다리 아픈 줄도 몰랐던 신심 등은 모두 그가 깨우쳐준 인연 덕분이라 여겨져 지금도 고맙게 생각한다. 크리스탈처럼 생긴 유리에다 보라색 고리를 한 예쁜 단주는 지금도 그 책들의 향기와 함께 내 서랍 속에 고이 간직돼 있다.

대학에서의 문학과 불교의 인연으로 만난 지금의 남편과 조계사 대웅전에서 결혼식을 올렸다.

대학 졸업 후 종립고등학교에서 교편을 잡으면서 불교학생회를 지도할 때에도 기회만 되면 학생들에게 『불교성전』을 보급하여, 학생들이 불교의 기본 교리를 이해하여 부처님 가르침에 대해 제대로 신심이 우러나는 신자가 되도록 지도하려 애썼다. 『불교성전』 다음 단계로는 누구에게나 『불교학개론』을 읽기를 권했다.

나는 두 아이의 엄마가 되었을 때도 아이들에게 『만화로 된 불교성전』이나 부처님 일대기 등을 접하게 하였다. 5~6세 때 아이들이 한창 호기심이 발동하고 기억력이 좋은 시기인지라 두 아이가 부처님 일생이나 10대 제자 등을 줄줄 외우고 다녀 사람들의 감탄을 자아내기도 하였다. 초등학교에 다닐 때는 가까운 절의 불교학생회에 참여하게 하여 일요일마다 부처님 도량에서 지내게 하였다. 내가 봉직하는 학교에서 지도하는 불교학생회의 학생들과 수련 활동을 위해 절에 갈 때도 초등학생 딸은 먼저 나서서 따라가고, 어두운 법당에 촛불 켜놓고 혼자 절을 하고 명상에 잠겨서 학생들을 놀라게 하였다. 그 아이 생일이 음력 5월 3일인데 태어나기 한 달 전의 초파일에 연등을 달면서 아이 이름을 먼저 지어서 등에 같이 써서 달았다. 그러한 인연인지 딸은 아기 때부터 어둑한 법당에서도 부처님 무릎 아래서 혼자 잘 놀았다. 앞날을 준비하는 공부가 바빠서 약간 소홀한 적도 있고, 사회생활 속에서 부처님 가르침과 멀어진 적도 있지만, 아들 딸 모두 근본이 착하고 큰 그릇인지라, 앞으로 좋은 학자, 큰 작가가 되고 성실한 사회인이 되어서 부처님 가르침 속에서 세상을 위한 큰 실천을 하게 될 것으로 기대하고 있다.

이 세상에 와서 내가 한 일을 돌이켜보면 선한 의지로 살아오기는 했지만 크게 선업을 쌓은 것도 없는 듯한데, 소중한 불법을 만나고, 부모 형제, 남편과 아이들 좋은 인연들을 만나게 되고, 스승과 제자, 친구 선배 후배 동료들, 그리고 시詩의 도반道伴들, 독자들 모두 좋은 인연들을 만나서 선한 기氣를 서로 주고받으며 살아가고 있으니, 아마도 나는 전생에 좋은 업을 쌓아서 그 과보를 금생에 받고 있는 것 같다.
  그동안 전생의 예금통장에서 잔고를 많이 축내고 살았으니 이제 남은 생 동안이라도 향기로운 잔고가 쌓이도록 더 많은 선업善業을 행하기 위해 노력해야겠다.

《평론가가 뽑은 좋은 수필 2026》 선정

마음이 눈을 만나 뛰어나오고

홍 재 숙

"눈에 파묻힌 우리 집이 바라보였다. 두 개의 방을 허리띠처럼 두르고 있는 툇마루는, 비탈진 산구릉의 경사각을 따라 비스듬하게 덮인 눈 때문에 보이지 않았다. 그러나 부엌문과 방문 두 개는 아랫부분이 눈 속에 묻힌 채였지만 뚜렷하게 분별할 수 있었다. 지붕 뒤쪽으로, 지붕마루 높이보다 훨씬 길게 뽑아 올린 굴뚝이 하얀 털모자를 뒤집어쓴 채 새록새록 연기를 뿜어내고 있었다."
― 김주영 장편소설 『홍어』 수록, 문어당 刊

어느 해 연이틀 전남 화순 산골짜기에서 질리도록 눈을 맞은 적이 있다. 남도 땅에 발을 디딜 때부터 성긴 눈발이 비실비실 와서 마음을 즐겁게 하더니 낯선 방에서 새우등을 꾸부리고 자던 그 밤에, 밤새도록 눈이 내리고 또 내렸다. 새벽에 커튼을 여니 세상이 온통 하얀색으로 변해있었다. 마을도 산도 나무들도 눈 이불을 뒤집어쓰고 쌔근쌔근 잠이 든 동화 같은 세상이 펼쳐져 있었다.

폭설이 내린 날은 김주영의 소설 『홍어』의 한 장면이 책갈피에서 빠져나와 내 마음에 내려앉는다. 주방 창문 너머 베란다 난간에 한 뼘 높이로 쌓인 눈이 여명에 반짝일 때, 우리 집과 옆집 사이에 골목길이 사라져 수평을 이룰 때에도 "세상에…, 밤새 내린 눈이 툇마루를 덮었데이." 깜짝 놀라는 길안댁의 혼잣말 장면이 풍경과 함께 눈과 버무려져 펼쳐진다.

그날도 그랬다. 책 『홍어』가 나를 불렀다. 아침을 먹는데 목화송이처럼 탐스런 함박눈이 흐린 회색 바람과 섞여 창문을 두드렸다. 유혹에 이끌려 두꺼운 겉옷을 입고 목도리는 친친 동여매 눈만 내놓고 숙소 밖으로 나왔다.

하얀 길이 보시시 웃으며 맨들거린다. 나는 미끄러질까 봐 사박거리는 길에게 온통 힘을 주며 걸었다. 때마침 산골짜기도 늦잠 자다 깨어났는지 우우하며 고운 눈보라를 흩뿌린다. 갑작스레 앞이 안 보이고 흐릿해졌다. 순식간에 중간계 같은 희뿌연 세계가 눈앞에 펼쳐졌다. 마치 막내 작은어머니가 꿈속에서 보았다는, 대감 모자를 쓰고 누우런 도포를 입은 준엄한 사자使者가 방울을 흔들며 골짜기에서 흐릿하게 걸어 나오는 것 같은 환각에도 빠졌다.

"아침에 일어났더니 옆집에서 울음소리가 들리더라. 할머니가 돌아가셨대. 그래서 그런 꿈을 꾸었나 봐."

저승사자가 방울을 요란하게 흔들면서 골목길로 걸어들어와 옆집으로 들어가더라는 막내 작은할머니의 꿈은 무서움이 되어 내 의식 안에 내내 웅크리고 있었는데, 그날 폭설이 내리는 화순 산골짜기에서 허리를 펴고 걸어 나왔다.

인간계의 낮과 밤의 익숙한 세계가 사라지고 온통 뿌연 눈안개 세계가 장막을 펼쳤다. 하늘과 땅의 결계結界가 사라진 듯 텅 빈 공空의 세계가 흐릿하게 너울거린다. 공허가 가득 찼기에 현실이 사라진 남도 화순 산골짜기의 괴이쩍은 길에 서서 나는 낯설음에 나를 통째로 맡겼다.

자욱한 눈보라 속에서 두 팔을 벌리고 사라진 하늘을 향해 얼굴을 들었다. 금방 수북하게 눈발이 쌓인다. 자연과의 교감이다. 그동안 일상의 굴레에 허덕이느라 시간의 꼬리를 잡고 좀머 씨처럼 쫓기며 살아내느라, 일탈을 꿈꾸는 의식과는 달리 들씌워진 책무責務를 다하느라 얼마나 굳은살이 겹겹이 배겼는지 나는 고개가 아프도록 눈을 감고 나를 맡겼다.

깊숙한 곳에 잠자고 있던 마음이 올라왔다. 생각이 여러 화두를 던지면서 꼬드길 때도 꿈쩍 않던 마음이 눈을 만나 뛰어나왔다. 바람의 등에 업혀 산골짜기 나무들에게 엉켜있다가 달려오는 눈에게 마음이 말을 건다. 얼굴에 명징하고 차가운 눈이 닿으면서 정신이 맑아졌다. 하늘의 조화를 우러르며 나는 검은 패딩옷이 허옇게 뒤덮이도록 눈을 맞고 또 맞았다. 굴레에서 해방된 마음이 눈밭을 뛰어다닌다.

저만치 보이는 산골짜기 사잇길에 희뿌연 눈꽃이 소용돌이친다. 숱한 사람들에게 밟혀서 길이 되었기에 서로 애타게 바라만 보았던 두 골짜기의 마음이 터져 나왔는지 울면서 서로에게 거센 눈바람을 보낸다. 순식간에 골짜기가 사라지고 산길이 붙어 버렸다. 두 산이 만나 서로 얼싸안고 춤을 춘다. 산이 안 보인다. 산골짜기가 옷을 여미고 길을 보여주지 않는다.

그날 나는 숙소로 돌아가는 길을 찾지 못해 한참을 서성거렸다. 비로소 소문난 길치인 나 자신을 자각했더니 두려움이 스멀스멀 기어 나왔다. 얼굴에 쌓였다가 녹은 눈이 마치 울고 싶은 내 마음을 알아차린 듯 눈물이 되어 떨어졌다. 눈 속에 갇혀 핸드폰을 손에 들었다.

산길에 서서 아침 냄새와 눈 냄새를 맡고 또 맡았던 시간이 아른거린다. 얼마 만인지, 도시의 냄새를 떠나서 순수의 냄새를 맡아본 것은. 얼마 만인지, 속물 같은 생각은 밀쳐지고 순한 마음이 살포시 고개를 내민 것은. 그래서 마음의 통증이 옅어졌던 것은.

"세상에…, 밤새 내린 눈이 툇마루를 덮었데이." 폭설이 내리면 『홍어』의 길안댁과 팔짱을 끼고 우우 울던 화순 산골짜기에 사라진 길을 부른다.

■ 작가 소개

해심 고광자(海深 高光子)
시인. 아동문학가. 문학평론가. 시조창명인
한국불교아동문학회 명예회장, 마포문인협회 고문, 한국아동문학회 부이사장, 한국현대시인협회 자문위원, 국제펜한국본부 이사, 한국공무원문인협회 고문, 한국아동청소년문협 부회장, 한국여성문학회 이사, 제주문협 부회장역임, 제주한림문학회 고문, 문예사조 편집위원 外. 한국불교아동문학상, 한국아동문학작가상, 한국아동문학창작상, 제주문학상, 공무원문학상, 문예사조문학상, 마포문학상 수상.
시집, 동시집, 동화집 18권 상재

월곡 곽영석(月谷 郭永錫)
71년 MBC라디오드라마, 73년 한국일보신춘문예로 등단. 현대인물전기 87권과 아동·청소년극본집 14권, 전래동화 78권, 산문집 5권, 청소년시집 18권, 문화, 홍보, 교육영화 284편, 찬불가 가사 2,253편 집필, KBS편성제작부와 교육TV기획관리실장을 거쳐 진흥개발 홍보부장, 수도권개발, 중부종합토건 회장을 역임. 통일정책시론으로 통일부장관상, 인형극 및 희곡으로 여가부장관상, 문체부장관상 4회, 탐미문학상과, 관광문학상, 불교아동문학상 김영일아동문학상 수상. 현재, 한국방송감청관리소 소장, 한국아동청소년극협회이사장, 한국불교청소년문화진흥원 사무총장.

다임 공현혜(多稔 孔賢惠)
국제펜한국본부회원, 한국문협서정문학연구위원, 한국현대시인협회, 한국불교아동문학회, 한국여성문학인회, 경남아동문학회, 계간 문예 등.
한국서정문학대상, 경북작가상, 경주예술인상, 경남아동문학상 외 수상. 저서 『세상읽어주기』 『애벌레의 꿈』 『폭풍속으로』 외

대각화 권대자(大覺華 權代子)
대구문인협회(대구문학) 등단(2002년)
도동시비동산 건립(2007년) 현 운영위원장
(사)한국문인협회 제21회 한국문협작가상 수상(2024년)
환경동시집 『자연이 주는 이야기』 외 7권

작가 소개

정장화 권영주(淨藏華 權泳珠)
월간 《한비문학》에 '동시'로 등단. 한국불교아동문학상 수상. 한국불교아동문학회 회장. 한국동시문학회, 혜암아동문학회, 한국문인협회, 국제펜한국본부 회원. 동시집 『발맞추어 둥둥둥』, 『이모티콘 아기요정』

법륜화 김남희(法輪華 金南姬)
(사)한국창작문학인협회 부회장
한국불교아동문학회 이사
참선단체 수선회 회장단
엔초이인베스트먼트 공동 대표
한국외국어대학교 교육대학원 상담심리학 석사
저서 『미국삼촌』『맑은 날』 외

상락 김동억(常樂 金東億)
1985년 《아동문예》 신인문학상 당선. 한국문학백년상, 한국동시문학상, 대한아동문학상, 한국불교아동문학상, 영남아동문학상, 경북문학상, 경북문화상(문학부문), 상상탐구작가상 등 수상.
동시집 『해마다 이맘때면』, 『하늘을 쓰는 빗자루』, 『정말 미안해』, 『무릎의자』, 『그림말』, 『획배달』 등.

선정월 김미라(禪定月 金美羅)
2002년 아동문예문학상, 2004년 무등일보 신춘문예 동시 당선. 2009년 '광주·전남아동문학인상', 2019년 '광주문학상', 2023년 '박종화문학상' 수상. 동시집 『엘리베이터 타고 우주여행』, 『마법사는 바로 나!』, 『어느 쪽으로 갈래?』, 『마음이 말랑말랑』, 『하늘 시계 작동 중』, 그림책 『내가 지킬게요』

■ 작가 소개

진월 김일환(眞月 金一煥)
추리 모험 장편 동화 『고려보고의 비밀』로 한국안데르센 대상을 받으며 문단에 나왔고, 그 후 장편 동화 『홍사』, 『예뻐지고 말 테야』, 지구 환경 극복을 위한 『다리 달린 달리, 2025』, 수필집 『파킨슨 아내와 르뷔 길 산책하기』가 있다. 현재, 한국불교아동문학회, 한국아동문학인협회, 충주문인협회, 양천문인협회에서 활동. 백마부대에서 포교사 활동을 하고 있으며 음성 미타사의 월간 미타법보에 9년째 불교 칼럼을 연재하고 있다.

불심 김종상(佛心 金鍾祥)
1935년 안동군 서후면 대두서에서 나서 풍산면 죽전동에서 자람.
1958년 교육잡지 『새교실』 문예작품 현상공모 小說 「부처손」 입상
1960년 「서울신문 신춘문예」에 童詩 「산 위에서 보면」 당선
동시집 『흙손엄마』, 산문집 『신비로운 꽃들의 세계』 외 시집 다수
제56회 한국문학상, 대한민국5·5문화상, 소월문학상, 소천아동문학상 등
현재, 국제PEN, 한국문협, 현대시협, 한국불교아동문학회 고문

인묵 김형식(印默 金炯植)
시인. 평론가. 필명: 인묵印默(도장印 말없는 默)
성철 스님 몽중상좌, 제가불자, 詩聖 한하운 발제자.
시집 『그림자, 하늘을 품다』, 『五季의 대화』, 『광화문 솟대』, 『글, 그 씨앗의 노래』, 『人頭琴의 소리』, 『성탄절에 108배』, 『질문』, 『無我의 강』이 있다. 한국청소년 문학대상, 한국창작문학 대상, 시서울 문학대상.

선도향 민금순(善道香 閔禁順)
《문학춘추》시, 《문학세계》 동시 등단
전남문학상, 전남여류문학상 수상 외
동시집 『어쩌면, 사랑』 외 5권
한국문인협회, 한국아동문학인협회 회원
문학춘추작가회, 전남여류문학회 부회장.

■ 작가 소개

만덕심(滿悳心) 민설기
가산문학회 회원, 한국불교아동문학회 사무차장
2021년 시집 『아물어간다』 공저
2023년 시집 『가끔은 생각지 못한 기쁨』 공저
2024년 가산문학회 동인지 《사랑방》 제2집 공저

정행 박정우(正行 朴晸雨)
1993년 《아동문예》 문학상 등단. 동시집 『사계절의 합창』, 『맞아, 난 할 수 있어』 『세계동시문학상』 수상. 경상북도글짓기교과연구회 회장, 한국문인협회상주지부 회장을 역임, 한국문인협회 경상북도지회 부회장, 상주아동문학회 회장을 맡고 있음.
한국문인협회, 한국문인협회경북지회, 한국문인협회상주지부, 한국아동문예작가회, 한국동시문학회, 한국아동문학인협회, 한국불교아동문학회, 경북아동문학회, 상주아동문학회 동인.

도현 박춘근(道現 朴春根)
경북 경산 하양에서 태어남, 수필가, 동시인, 무궁화애호가
(사)한국문협 월간문학 편집위원, (사)한국무궁화연구회 고문
(사)한국종이접기협회 감사, 한국아동문학연구회 회원
수상 : 국화발전향상 및 무궁화애호운동공적 대통령 표창 외

애락혜 박춘희(愛樂慧 朴春姬)
경남 남해 출생. 1976년 《소년중앙》 창간7주년기념 동화 최우수당선. 한국아동문학상(16회), 불교아동문학상(21회) 수상. 창작동화집 《달맞이꽃》《가슴에 뜨는 별》《들꽃을 닮은 아이》《태풍을 이긴 사과》 등 다수. 수필집 《모난 돌》 한국문인협회, 한국아동문학인협회, 불교아동문학회, 한국여성문학인회 이사. 서울 진선여고 정년퇴직.

■ 작가 소개

서하 배정순(瑞荷 裵貞順)
2000년 《아동문예》 등단
한정동아동문학상, 관동문학상 수상
동시집 『두려움이 살짝』 외 4권, 동화집 『양골초등학교 연못단』
강릉문인협회 및 한국동시문학회 부회장

석교 백두현(石橋 白斗鉉)
물 맑고 공기 좋은 충북 제천에 살면서 동시와 수필을 쓰며 살고 있습니다. 《자유문학》 동시부문 신인상, 《선수필》 신인상, 한국불교아동문학작가상, 중봉조헌문학상, 사강아동문학상을 받았습니다. 동시집으로 『내 친구 상어』 『엄마가 있지』가 있고 수필집으로 『삼백 리 성못길』 『이제 와 생각해보면』 『설거지하는 남자』 『세상에서 가장 행복한 집』이 있습니다.

수심행 서동애(修心行 徐東愛)
전남 고흥 출생. 한국 아동문학 신인상, 근로자 문화예술제 동화부문 수상. 청소년 소설 『소록도의 눈썹달』, 그림책 『단물이 내리는 정자』, 『꽃 사랑 할매』, 장편 동화 『사슴섬의 눈썹달』, 『검은 눈물』 수필집 『오동꽃 소녀』, 『참깨꽃 연가』, 시집 『백리향 연가』 등이 있으며 다수의 공저가 있음.

용수행 설용수(龍樹行 薛龍水)
동시집, 『뽕망치 구구단』 외 여러 권 발간.
동화집, 『눈사람아 춤겠다』 외 여러 권 발간.
어린이극, 도깨비 이야기 외 여러 편을 무대에 올림.
성인극, 우리의 비겁을 위하여 외 여러 편을 무대에 올림.
어린이들에게 상상력과 창의력 키우기 글쓰기도 지도하고 있다.

■ 작가 소개

연화심 손수자(蓮華心 孫秀子)
1988년 아동문학평론 동화 「호박꽃 이야기」로 등단,
『가슴마다 사랑』으로 제1회 눈높이아동문학상 당선. 현재 한국아동
문학인협회 부이사장. 이주홍아동문학상 외 수상.
판타지동화 『세이두르』 외 다수.

광명심 신이림(光明心 辛易臨)
1996년 《서울신문》 신춘문예 동화 당선. 2011년 '황금펜아동문학상'
동시 당선. 동화집 『염소 배내기』 『싸움닭 치리』 외. 동시집 『발가락
들이 먼저』 『춤추는 자귀나무』 『엉뚱한 집달팽이』 한국불교아동문
학상, 한정동아동문학상 수상.

선행 신현득(善行 申鉉得)
조선일보 신춘문예 동시 입선(1959).
동시 「엄마라는 나무」로 세종아동문학상 수상(1971). 항일시집 『속
좁은 놈 버릇 때리기』로 한국자유문학상 수상(2015). 불교동화집
『노힐부득과 달달박박』(1985) 등.

월하연 양인숙(月下蓮 梁仁淑)
1993년 아동문학평론 동화 신인상.
2002년 조선일보 신춘문예 동시 당선.
동시집 『웃긴다 웃겨 애기똥풀』 외 3권 출간.
동화집 『담장 위의 고양이』 외 5권.
화순문학상, 광주문학상, 한국불교아동문학상 등 수상.

■ 작가 소개

영각 오해균(影覺 吳海均)
1955년 충북 청원에서 나서 불교문학과 불교음악에 전념하고 있다. 세광음반 대표로 작사·작곡 및 음반제작자로 수많은 기성가수를 배출했으며, 전국의 산사음악회는 거의 독점하고 있다. 대한민국환경대상, 용호연예대상, 대한민국찬불가요대상 등 많은 상을 받았고, 현재 가릉빈가소리 봉사단 단장으로 일하며, 장편 불교소설을 쓰고 있다.

자은심 우점임(慈恩心 禹点任)
2009년 『오늘의 동시문학』 등단. 단국아동문학동시부문 신인상 수상. 2012년 서울문화재단창작지원 수혜. 2013년 첫 동시집 『바람 리모콘』 발간. 2014년 제25회 경남아동문학상 수상.
2010년~2020년 『같은 생각 하나봐』권1~『지구를 꺼 볼까』권6 미래시 동인지 다수 출간. 한국동요음악협회 '어린이 동요세상' 41집 「자장가」, 44집 「내동생」, 45집 「개구리 소년 합창단」 동요 발표.

보현심 이경희(普賢心 李敬熙)
2000년 《월간아동문학》 동화당선
박화목 문학상 수상, 한국아동문학회 작가상 수상
저서 동화집 『밝혀야 할 비밀』

이광만(李光萬)
일요건강 신문사 취재부, 동의약 신문사 취재부장 역임,
서울도시가스(주) 서부14지역관리소 근무, 강서도시가스(주) 근무
가산문학회 회원

■ 작가 소개

청심 이동배(淸心 李東培)
계간 현대시조 신인상(1996년), 경남아동문학상(2016), 시조문학 올해의 좋은 작품집상(2020년), 제28회 현대시조문학상(2024년), 한국불교아동문학상(2024년), 시에그린튼튼한 한국동시조문학상(2025년), 경남시조시인협회 부회장, 경남아동문학인협회 회장, 한국불교아동문학회 부회장, 시조집『꿈꾸는 나목』외 3권, 동시집『쌤통이다』, 동시조집『돌멩이야 고마워』외 3

평등행 이성자(平等行 李成子)
《아동문학평론》과《동아일보신춘문예》에서 동시당선. 작품집으로는 『펭귄 날다!』,『입안이 근질근질』,『피었다 활짝 피었다』,『기특한 생각』등 다수. 한정동아동문학상, 방정환문학상, 한국아동문학상, 어린이문화대상 등을 수상.

연화 이신경(蓮花 이신경)
한국문인협회 시분과 회원, 송파문인협회 시분과 이사, 시성 한하운 문학회 부이사장, 사)한국창작 문학부회장, 한국비평가협회 이사, 한국불교아동문학회 회원
한국창작문학대상 수상, 대지문학상, 시가 흐르는 서울 월간문학상 수상
시집『물빛 꿰매기』,『짚베옷에 흘린 눈물』등

만월심 이연수(滿月心 李燕秀)
동국대교육대학원 유아교육학 졸업. 저학년 장편동화집『난 비겁하지 않아』출간. 세종도서문학나눔 선정. 한국아동문학작가상(2016). (사)한국불교아동문학회 이사. 동화로 쓴 본생경 10권 공저(2010~2019). 영등포문학상(2019). 구상문학창작지원금 수상자(2023). (사)한국문인협회 영등포지부 부회장 역임(2024). 장편동화집『주름 잡는 아이』출간(2024). 김영일아동문학상 수상(2025). 한국출판문화산업진흥원 2025년 문학나눔 도서선정.

■ 작가 소개

이영희
아동문학 소백동인회, 한국동시문학회 회원
2019년 《아동문예》 신인문학상 수상
2021년 제2회 남명문학상 동시 부문 우수상 수상
2022년 제1회 천태문학상 장려상 수상
2023년 첫 동시집 『생각 요리』 출간

고반 이정석(古畔 李正錫)
《소년중앙》 문학상 동시 부문 당선.
동시집 『촛불이 파도를 타면』 등 6권 발간
천상병 동심문학상, 방정환문학상, 이재철아동문학평론상 등 수상

우봉 이창규(牛峰 李昌圭)
한국 문협자문위원, 국제펜 한국본부 자문위원, 창원문인협회장, 현 경남아동문학 고문. 수향수필 동인, 경남도문화상 수상자회 창립인 부회장, 창원시문화상, 경남예술인상, 한국아동문학상, 한정동 아동문학상, 황조근정훈장, 한국교육자 대상, 경남교육상 수상.
사)경남도문화상수상자회 총무이사, 창원대학교 초빙교수 역임, 현 한국교육자 대상수상자회 경남회장,
저서 수필집 『바람이 남긴 자리』 외 아동문학 40권이 있다.

묘선 이혜선(妙仙 李惠仙)
1981년 《시문학》 추천. 시집 『새소리 택배』(2016.세종우수도서) 『운문호일雲門好日』 『神 한 마리』 등. 시선집 『흘린 술이 반이다』 『불로 끄다, 물에 타오르다』 저서 『시가 있는 저녁』 『아버지의 교육법』 『문학과 꿈의 변용』 등. 윤동주문학상, 한국예총예술문화대상 등. 동국대 외래교수, 한국여성문학인회 이사장, 한국문인협회 부이사장, 문체부 문학진흥정책위원 역임. 현재 한국여성문학인회 고문, 한국문인협회, 국제 펜 한국본부 자문위원, 한국세계문학협회 회장. 《향가시회》 동인. 유튜브: 이혜선시인 TV

■ 작가 소개

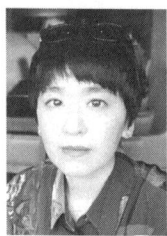

서담 장서후
2003년《문학세계》 2006년《오늘의 동시문학》 신인상을 받았다.
수원문화재단 창작지원금 수혜, 제4회 목일신아동문학상
동시집 『독립 만세』 아르코 문학나눔도서 선정, 일러스트시집
『다시』가 있다.

지혜심 전지혜(智慧心 全智惠)
전)조계종 여성 불자 108인 선정
전)전국불교합창단연합회 충남 지회장
창작문학 신인상 등단
전지혜 찬불가요집 발매

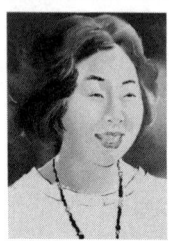

유수 정소영(裕樹 丁昭榮)
2013년《아동문예》 신인문학상으로 등단
2014년 동화집 『아기몽돌의 꿈』 세종문학나눔 우수도서 선정
2023년《아동문학사조》 평론 신인문학상
2024년 제1회 사강 아동문학상 수상
저서 『한국전래동화 탐색과 교육적 의미』
동화집 『아기몽돌의 꿈』, 『천년의 아이』, 『하얀 고래의 노래』, 『천년의 아이와 동물병정』, 『금빛 뿔 꽃사슴』, 『걱정 없는 약』

지혜심 정옥임(智慧心 鄭玉任)
1996년《문학21》 등단
2007년 『바람개비를 돌리며』 시집에 동시 30편 묶음이 있음
2018년 『시읽는 사회를 위하여 나는 시를 읽고 시를 쓴다』
2019~2020년 네이버 (골프타임즈) 정옥임 시 산책 수요 연재 90회
영구편집 본
황진이상, 지구문학상 외 다수 수상.

■ 작가 소개

반야심 정혜진(般若心 鄭惠珍)
아동문예 동시, 광주일보신춘문예 동화 현대시학으로 작품활동
동시집 『초록이가 사는 텃밭』 동화집 『핑크와 블루의 아주 멋진 날』
시집 『너나들이 향기 꽃』등 29권 발간
초등국어, 초등음악교과서에 동시작품 실림, 전라남도명예예술인
한국아동문학상, 한국동시문학상, 한국불교아동문학상, 전라남도문화상 받음

현경 지현경(賢鏡 池玄敬)
『문학미디어』 시 등단. 한국문인협회, (사)한국음악저작권협회 작사가 회원. 강서문인협회 자문위원. 한국불교아동문학회 부회장. 2018 문학미디어 시 부문 작품상, 작가상 수상. 2021 문예사조 「동촌의 바람소리」 시 부문 문학대상 수상. 2021 「끝없는 욕심」 외 2편 강서문학상 수상. 2022 위대한 한국인 100인대상(강서 호남향우연합회)
자서전 『역경에서 보람으로』, 『역경에서 보람으로2』. 시집 『동촌의 바람소리』 외 12권, 산문집 『길 위에 남겨둔 이름』 외 5권

다선 채들(茶禪 高美淑)
2005년 《월간문학》, 제23회 새벗문학상으로 등단. 지은 책 『복숭아 씨 하나』, 『참나리꽃』, 『얼지 않는 기도』가 있음.

덕봉 최광집(崔光集)
2010년 불교신문 신행 수기 입선. 2014년 생활문학 시 등단. 아동문학세상 동시 등단. 강원문인협회 이사, 사)한국아동문학 기획이사 & 운영위원장, 강원아동문학 부회장, 한국불교아동문학회 이사, 강릉문학 회원. 아동문학연구회(동시) 아름다운 글 문학상, 사)한국아동문학 오늘의 작가상, 생활문학 동시 대상
시집 『선정에 든 소나무』 외 1권. 동시집 『달빛 마당 풍경』 외 3권.
제1회 동시개인전시회

■ 작가 소개

원명화 최현숙(圓明花 崔賢淑)
한국아동문학인협회 간사, 시화동화 소속 동화작가, 한우리 독서토론논술 지도사
저서 그림동화 『고목과 담쟁이』, 『산을 타는 배』

정친장 하순희(正親藏 河順姬)
89년《시조문학》천료, 90년《한국아동문학연구》동시조 신인상 당선. 91년「경남신문」신춘문예 시조, 92년「서울신문신춘문예」시조 당선. 시조집『종가의 불빛』, 『적멸을 꿈꾸며』, 『별 하나를 기다리며』 단시조집『청자화병』동시조집『잘한다잘한다정말』외, 경남시조문학상, 중앙시조신인상, 성파시조문학상, 현대불교문학상, 이호우이영도문학상, 경남아동문학상, 창원시문화상, 산해원 불교문학상 수상 외

문수화 하 영(文殊華 河 泳)
1989년 계간『문학과 의식』신인상으로 등단. 2000년『아동문예』문학상 수상으로 童詩등단.
시집『너 있는 별』, 『빙벽 혹은 화엄』, 『자귀꽃 세상』, 『햇빛소나기 달빛반야』등. 인도순례기『천축 일기』, 동시집『참 이상합니다』, 『꽃밥 한 그릇』등.
남명문학상 신인상, 마산시 문화상, 경남아동문학상, 시민불교문화상, 2016년 시인들이 뽑는 시인상 등 수상.

해성 스님
대한불교조계종 광림사 주지, 사회복지법인 연화원 대표
시와 수상문학 시. 수필 문학상 수상
한국문인협회, 계간문예 중앙위원, 불교아동문학회 회원,
송파문인협회 회원, 한국미술협회 회원,
국립국어원 불교수어 편찬위원.
한국음악저작권협회 작사회원, 한국음반산업협회, 실연자협회 회원.

■ 작가 소개

소석 홍문식(素石 洪文植)
강원 동해 태생. 해양과학동화 『바닷가의 하루』로 시작. 생활문학 시, 아동문학세상 동시 등단. 한국문인협회 회원, 한국생활문학 부회장, 한국아동청소년문학협회 상임위원장, 강원아동문학, 관동문학, 강릉문학 이사, 계간 『생활문학』 편집주간, 이사부정신문화연구소장, 한국생사학협회부회장, 강릉생명의 숲 이사장 역임.
저서 『바닷가의 하루』(과학동화). 시집 『아뿔싸』 외 4권. 동시집 『까르르』, 『알을 낳는 바다』. 소설 『국상 이사부』. 생사학 『죽음과 함께 숨 쉬는 삶』, 『난 뭔가?』 외 다수.

진여심 홍재숙(眞如心 洪在淑)
수필집 『꽃은 길을 불러모은다』, 『연필, 그 사각거리는』. 공저 『독서가 힘이다』 1~7집, 사화집 『사랑방』1,2집(가산문학회) 『평론가가 뽑은 좋은 수필 2026』 연암서가. 강서문화원 강서문학상 대상, 송헌수필문학상, 퀘로多讀작가상 등 수상. 〈강서구립 길꽃어린이도서관〉에서 인문,철학 온라인독서반, 금요문예창작반 강사. 『수필로 마음 다독이기』(2020서울형 독서문화프로그램지원사업), 『따뜻한 詩와 나의 삶 마주보기』(2022년 도서관 '길 위의 인문학'), 『길꽃문예창작 교실 문집 1』(2024 나다운 삶, 도서관에서 꽃 피우다).

2025 연간집 16

마음마당

2025년 11월 15일 인쇄
2025년 11월 19일 발행

발행인 : 권영주
자 문 : 김종상, 신현득
주 간 : 홍재숙
편 집 : 정영하
발행처 : 대양미디어

창간설립 발행일 : 1987년
주소 : 서울시 종로구 대학로12길 46(동숭동, 삼광빌딩) 5층
편집부 이메일 : magorium120@gmail.com (전화 010-4782-8762)
한국불교아동문학회 카페 : http://cafe.daum.net/buddhismchild
기획·인쇄 : 대양미디어(전화 02-2276-0078 팩스 02-2267-7888)

ISBN 979-11-6072-157-7 03810
값 10,000원

• 이 책의 저작권과 모든 권한은 한국불교아동문학회에 있습니다.
• 이 책은 조계종 문화부의 발간지원을 받았습니다.